RECUEIL

DE

PENSÉES ET MAXIMES MORALES

Une bonne pensée par jour.

RECUEIL

DE

PENSÉES ET MAXIMES MORALES

A L'USAGE

DES FAMILLES ET DES ÉCOLES DE TOUS LES DEGRÉS

PAR

V. MARTEL

ANCIEN PROFESSEUR D'ÉCOLE NORMALE,
DIRECTEUR D'ÉCOLE PRIMAIRE SUPÉRIEURE,
OFFICIER D'ACADÉMIE

> Les pensées morales sont des clous d'airain qui s'enfoncent dans l'âme et qu'on n'en arrache point.
> DIDEROT

PARIS

GARNIER FRÈRES, LIBRAIRES-ÉDITEURS

6, RUE DES SAINTS-PÈRES, 6

PRÉFACE

La *Correspondance générale de l'Instruction primaire* (1), bulletin d'études servant d'intermédiaire entre les autorités scolaires, les familles et les membres de l'Enseignement, publiait dans son numéro du 18 novembre 1892, une lettre d'une institutrice sur l'emploi des « pensées » dans l'éducation morale des enfants.

« ...A peine assises, sous le charme de cette douce impression (un chant gracieux, simple, recueilli), avant d'ouvrir cahiers et livres, elles regardent la maîtresse qui, tous les jours, à ce moment-là, a continué de leur donner une maxime qu'elles appellent la « devise du jour ». C'est une pensée morale, parfois une parole de l'Évangile, parfois un vers de Corneille, parfois un adage antique ou plus rarement une pensée empruntée à un moraliste moderne, mais choisie parmi les plus simples : ce ne sont pas les moins belles.

---

(1) Directeur : M. Buisson, directeur de l'Enseignement primaire ; éditeurs : MM. Hachette.

« Elle leur dit ces quelques mots d'une voix non solennelle, mais sérieuse et affectueuse, qui commande et qui obtient tout ensemble l'attention et la confiance. Elle y ajoute, s'il le faut, une courte, très courte explication ; quelquefois, sans qu'on sache comment, le mot du jour semble se rapporter à un petit incident de la veille, et s'il n'est pas besoin d'y faire allusion, cela se devine, les élèves se regardent, elles ont compris. »

Et cette institutrice ajoutait que pour que cette pratique pédagogique pût se généraliser, il faudrait offrir aux maîtres et maîtresses un recueil de maximes.

Immédiatement la *Correspondance* organisait un concours pour la rédaction d'un *Recueil de maximes morales*, destiné aux élèves des écoles primaires de tous les degrés.

L'ouvrage que nous publions a été préparé pour répondre aux exigences de ce concours ; le jury l'a jugé digne d'une mention honorable, et le rapporteur a bien voulu reconnaître qu'un grand nombre des pensées qui le composent sont originales et bien choisies. Mais, pour tout dire, l'agencement général en a été critiqué.

Dans son rapport au comité de correction, M. Élie Halévy (1) pose ainsi les conditions

---

(1) M. Élie Halévy était le rapporteur du jury dans le concours de « la *Correspondance* ».

que doit réunir un bon recueil de pensées :

« D'une manière générale, c'est l'idée d'un recueil de maximes qui est en contradiction avec l'idée d'un ordre systématique. Car il est de la nature d'un excellent recueil de maximes de ressembler moins à un cours de morale qu'à la vie pratique elle-même. Or, sans doute, nos devoirs dans la vie demandent à être accomplis, jusqu'à un certain point, avec ordre et méthode; chaque âge, chaque position sociale a ses obligations et ses vertus. Mais, cela accordé, dans quel désordre et dans quel pêle-mêle la vie nous présente les occasions de bien faire et les tentations de faillir, et nous contraint, sans délai, à résoudre les problèmes de conscience les plus complexes! C'est ce désordre, ce pêle-mêle qu'un recueil de maximes doit exprimer et il faut, pour cela, que chaque maxime soit prompte comme l'occasion et saisissante comme l'exemple. »

Toute disposition d'un ouvrage peut se justifier et dépend du but que l'on se propose. La *Correspondance* ne s'est pas proposé de faire un livre scolaire, mais — c'est ce qui explique la conclusion ci-dessus — « un recueil de maximes que l'enfant pût ouvrir sous la direction de ses maîtres, et dont il pût commencer la lecture dès l'école primaire; mais aussi qu'il pût conserver dans la vie comme un livre ami et familier, un petit livre de haute éducation morale, un manuel de la vie intérieure, qui ne fût pas de nature à être lu en une fois et compris du premier coup, mais qui demandât à être relu et médité sans cesse, fût-ce par les maîtres eux-mêmes ».

Notre but n'a pas été tout à fait celui-là, au moins directement. Nous avons songé à constituer un recueil abondamment fourni où les maîtres puissent prendre, dans tous les cas et sans perte de temps, la maxime qui leur convient chaque jour, pour chaque classe. Dans ce cas, nous devions adopter un ordre systématique, et, comme il ne s'agissait nullement d'un cours de morale, il nous a paru que l'ordre alphabétique était celui qui favoriserait le mieux les recherches et rendrait la maxime « prompte comme l'occasion ». Dans notre pensée, l'enfant prendra note de la maxime de chaque jour sur un carnet personnel et se fera un recueil qu'il aura d'autant plus de joie à conserver, de goût à consulter qu'il l'aura confectionné lui-même.

Nous avons rangé les 2.000 citations qui composent ce recueil en 175 chapitres dont les titres ne sont pas exclusivement des noms de vertus ou de défauts, mais des « ordres d'idées » autour desquels le classement des pensées est facile. Souvent les chapitres se pénètrent : ainsi *secret* et *discrétion; richesse, fortune et biens; bienveillance, amabilité* et *politesse;* dans ce cas, un renvoi indique les titres sous lesquels on trouvera le complément du chapitre consulté; de plus, à la fin du volume, un index alphabétique comprend tous ces noms et sert de table.

Chaque chapitre comporte un commentaire ou plutôt un résumé pouvant servir de matière à l'explication du maître, s'il juge à propos d'en donner une. Autant que possible, nous avons emprunté ce résumé lui-même à des moralistes ou à des écrivains contemporains.

Les maximes placées en tête de chaque groupement sont celles qui nous ont le plus frappé par leur forme simple, claire, concise, rapide, originale, mais comme nous pouvons différer d'avis sur ces points avec nos collègues, et que, d'autre part, le recueil s'adresse aux écoles des divers degrés, aux enfants de tous les âges, nous avons pensé qu'il était utile d'offrir un choix abondant, où, nous osons l'espérer, rien n'est mauvais, mais où l'excellent devient une question de préférence personnelle, de tournure d'esprit particulière, de milieu, et dépend même quelquefois d'une circonstance imprévue.

En préparant notre travail, nous avons trouvé quelques pensées sur les « *Pensées* ». Il nous a paru intéressant de les grouper de manière à en former une introduction naturelle à ce livre.

Dans un ouvrage de compilation, c'est un devoir strict pour l'auteur de faire connaître les sources où il a puisé. Un recueil de pensées est un musée moral, et il en est de ce musée comme de toute collection : le plus grand plaisir — le plus grand profit aussi — n'est pas de le posséder, mais de le faire. Par reconnaissance envers les moralistes sur les champs desquels nous avons glané, pour l'utilité de ceux qui voudraient composer leur recueil personnel, nous donnerons donc la liste des ouvrages que nous avons consultés. Ils sont assez nombreux et peuvent se diviser en trois catégories : 1° œuvres des moralistes proprement dits, c'est-à-dire des écrivains qui ont adopté la forme aphoristique dans leurs écrits ; 2° choix de pensées d'un même écrivain, recueillies dans ses œuvres ; 3° choix de pensées empruntées à des écrivains divers.

Enfin, nous remercierons chaleureusement les auteurs et les éditeurs qui ont bien voulu nous autoriser à reproduire des fragments de leurs ouvrages pour servir de commentaire à chacun de nos chapitres. On trouvera aussi plus loin la liste des principaux ouvrages que nous avons mis à contribution pour ce dernier point.

OUVRAGES CONSULTÉS

I

MORALISTES

Louise d'Alq, *A travers la vie*. Paris, Ollendorf, 1886.
H. F. Amiel, *Jour à jour*, *Pensées intimes*. Paris, Fischbacher.
Claudia Bachi, *Feuilles au vent*, suivi de *Coups d'éventail*.
Ange Bénigne, *Morale mondaine*. Paris, Ollendorf, 1884.
Marquise de Blocqueville, *Roses de Noël, Pensées d'hiver*. Paris, Ollendorf, 1884.
Chamfort, *Maximes et Pensées*. an III.
Lord Chesterfield, *Lettres*(Letters to his son). Paris, Bécus, 1882.
Christine, reine de Suède, *Pensées*. Paris, Renouard, 1825.
Daniel Darc, *Sagesse de poche*. Paris, Ollendorf, 1885.
Louis Dépret, *Vous et moi*. Paris, Ollendorf, 1886.
Comtesse Diane, *Maximes de la vie*. Paris, Ollendorf, 1892 (7ᵉ édition).
Doudan, *Pensées, essais et maximes*. Paris, Calmann-Lévy.
Dugrivel, *Pensées diverses*. Paris, Debécourt, 1841.
Epictète, *Manuel*, traduction de Guyau, suivie d'*Extraits des entretiens d'Epictète* et de *Pensées de Marc-Aurèle*.
R. Gerfaut, *Pensées d'un sceptique*. Paris, Ollendorf, 1885.
Joubert, *Œuvres, pensées et correspondance*. Paris, Perrin.
La Bruyère, *Les caractères ou mœurs de ce siècle*.
La Rochefoucauld, *Réflexions ou sentences et maximes morales*.
Duc de Levis, *Maximes et réflexions sur divers sujets de morale et de politique*. 1808.
Prince de Ligne, *Maximes et pensées*, 1809.
Charles Manso, *Pensées*, Paris, Chaumel, 1893.
Morel de Vindé, *La Morale de l'enfance* ou *Collection de quatrains moraux*. Paris, Déterville, 1809.

E. Noel, *Grognements et sourires d'un philosophe inconnu.* Paris, Bécus, 1882.

Oxenstirn, *Pensées de Monsieur le Comte d'Oxenstirn sur divers sujets avec les réflexions morales du même auteur.* La Haye. Jean Van Duren. 1744.

Pascal, *Pensées.*

Petit-Senn, *Bluettes et Boutades.* Paris, Calmann-Lévy.

Les Poètes moralistes de la Grèce (Hésiode, Théognis, Callinus, Tyrtée, Mimnerme, Solon, Simonide d'Amorgos, Phocylide, Pythagore, Aristote) Edition Garnier.

Joseph Roux, *Pensées.* Paris, Lemerre, 1886, 2ᵉ édition.

F. Sauvage, *Pensées morales et littéraires.* Paris, E. Plon, 1876.

Mme Swetchine, *Airelles. Pensées.* (Madame Swetchine, sa vie et ses œuvres publiées par le comte de Falloux). Paris, Perrin.

Carmen Sylva, *Les pensées d'une reine.* Paris, Calmann-Lévy 1888.

Marie Valyère, *Heures grises.* Paris, Ollendorf, 1889.

Louise Van Gaver, *Études psychologiques.* Marseille, Arnaud. 1866.

Vauvenargues, *Réflexions et maximes.*

II

CHOIX DE PENSÉES EXTRAITES DES ŒUVRES D'UN MÊME ÉCRIVAIN

H. de Balzac, *Maximes et pensées.* Paris, Plon, 1852.

Duchesse de Duras, *Pensées de Louis XIV.* Paris, Passard.

A. Houssaye, *Le Livre de Minuit.* Préface de Georges de Peyrebrune, Paris, Ollendorf, 1887.

Lacordaire, *Pensées choisies.* Paris, Poussielgue, 7ᵉ édition, 1892.

Mahomet, *Morale de Mahomet ou recueil des plus pures maximes du Coran* (par Savary). Paris, Lamy, 1784.

De la Serre, *L'esprit de Sénèque ou les plus belles pensées de ce philosophe.* Paris, Soveron. 1659.

L'esprit de Voltaire.

L'esprit de M. de Fontenelle.

L'esprit de J.-J. Rousseau, etc., etc.

III

CHOIX DE PENSÉES DE DIVERS AUTEURS

Anonyme, *Pensées pour chaque jour*. Paris, Fischbacher.
Delessert, *Le guide du bonheur*. Paris Hachette, 1855.
A. Lacroze, *Perles et Talismans*. Paris, Fieshbacher, 1890.
Loubens, *Recueil alphabétique de citations morales*, Paris, Delagrave.
La morale universelle, *Choix de maximes tirées des moralistes de tous les pays et constituant, pour chaque nation, l'esprit de ses meilleurs écrivains*. 8 volumes: *Les moralistes anglais, italiens, allemands, espagnols, français modernes, orientaux, grecs, latins*. Paris, collection Hetzel, Hachette.
Charles Paultier des Ormes. *La morale primitive ou Proverbes et sentences des Orientaux*. Paris, Panard.
Quartier-la-Tente, *L'esprit et la sagesse des autres*. Paris, Fischbacher, 1888.
Schuwer, *Recueil de pensées*. Commercy.
Subercaze, *Petit code moral ou recueil de pensées, maximes sentences et proverbes*. Paris, Dupont, 1893.
Art. *Proverbes, maximes, pensées* du dictionnaire Larousse.
Voix de la raison et de l'expérience. Paris, Hachette. 1893.

IV

OUVRAGES AUXQUELS SONT EMPRUNTÉS LES COMMENTAIRES — AUTEURS ET ÉDITEURS

Baude et Pécaut, *L'art*. Hollier-Larousse.
Bersot, *Un moraliste*. Hachette.
Ch. Bonne, *Cours élémentaire et pratique de morale*. Delagrave.
E. de la Hautière, *Cours de morale pratique*. Garnier.
Janet, *Cours de morale*. Delagrave.
J. La Baume, *La morale des bonnes gens*. Hachette.
Laloi et Picavet, *Instruction morale et civique ou philosophie pratique*, Colin.

Larousse, *Dictionnaire encyclopédique du XIX⁰ siècle*. Hollier-Larousse.

Legouvé, *Nos fils et nos filles*. Hetzel.

E. Loubens, *Recueil alphabétique de citations morales*. Delagrave.

L. Martel, *Les proverbes français*. Garnier.

E. Ragot, *Leçons de morale pratique*. Delaplane.

P. J. Stahl, *La morale familière*. Hetzel.

J. Steeg, *L'honnête homme, cours de morale*. Nathan.

INTRODUCTION

SUR LES « PENSÉES »

La morale est de tous les âges : ce qui est bon pour les grands est bon pour les petits.

Moralistes anglais.

La morale est le pain des âmes ; il faut la distribuer aux hommes tout apprêtée, la cribler, la moudre, la leur couper en morceaux.

Joubert.

La morale profite plus quand elle s'insinue dans l'âme par pensées détachées.

Sénèque.

Les pensées morales sont des clous d'airain qui s'enfoncent dans l'âme et qu'on n'en arrache point.

Diderot.

Les bonnes pensées produisent dans l'âme la plus grossière, lors même qu'elles n'y pénètrent qu'un instant, l'effet d'un pur soleil dans l'obscure demeure du pauvre.

Gréard.

C'est toujours par l'oubli ou l'inobservation de quelque maxime triviale que tout périclite ou périt.

Joubert.

Les proverbes sont les fruits de l'expérience de tous les peuples, et comme le bon sens de tous les siècles réduit en formules.

RIVAROL.

Le jeune homme qui sort de l'école (du collège) en emporte le fonds d'idées morales sur lequel il vivra. L'homme est en puissance dans l'écolier.

Adrien DUPUY.

Je voudrais monnayer la sagesse, c'est-à-dire la frapper en maximes, en proverbes, en sentences faciles à retenir et à transmettre.

JOUBERT.

Toute pensée doit être comme l'éclair, rapide et lumineuse, et plus elle aura cette rapidité, cette électricité, plus — au contraire de l'éclair — elle durera.

J. CLARETIE.

L'œuvre de chaque auteur contient quelques pensées qui sont la quintessence de son âme.

Jean REVEL.

Les pensées sont comme des clous qui retiennent les draperies du style.

Louis BOUILHET.

Une belle maxime dans la bouche d'un sot est un pas de danse essayé par un boiteux.

SALOMON.

Qu'il y ait dans ton esprit de ces maximes courtes, fondamentales, qui rendent la sérénité à ton âme.

MARC-AURÈLE.

La clarté orne les pensées profondes.

VAUVENARGUES.

L'influence d'un mot dit à son heure n'est-elle pas incalculable ?

AMIEL.

INTRODUCTION

Ce qu'on dit ne signifie rien, si l'on n'a préparé le moment de le dire. Avant de semer, il faut préparer la terre.
J.-J. Rousseau.

La vertu, comme la grammaire, s'apprend par la pratique et se retient par les exemples.
Ph. Gerfaut.

Quelques exemples rapportés en peu de mots et à leur place, donnent plus d'éclat, plus de poids et plus d'autorité aux réflexions.
Vauvenargues.

L'éducation ne peut rien sans l'exemple.
P. Janet.

Un livre bien neuf et bien original serait celui qui ferait aimer de vieilles vérités.
Vauvenargues.

Celui-là a le mieux profité de sa leçon qui la pratique et non qui la retient.
Montaigne.

A mesure qu'on distingue mieux ce qui est bien et qu'on l'aime davantage, on désire s'en rapprocher tous les jours par la pratique.
Bautain.

Pour prendre en main la cause de la morale et pour parler en son nom, il faut montrer l'exemple d'une vie qu'elle ne désavouerait pas ; tant vaut l'homme, tant vaut la leçon.
Taxile Delord.

O vous qui cueillez ces « pensées », puissiez-vous, sous leur voile de verdure, toujours trouver une fleur odorante, un fruit savoureux !
J. Roux.

RECUEIL DE PENSÉES

ET DE MAXIMES MORALES

I

ACTIVITÉ

(Voir *Travail*.)

Vivre sans agir, c'est vivre comme la plante, c'est végéter. L'activité, dirigée par la volonté, est le propre de la nature de l'homme. « Vivre, ajoute Rousseau, c'est faire usage de nos organes, de nos sens, de nos facultés, de toutes les parties de nous-même qui nous donnent le sentiment de l'existence. L'homme qui a le plus vécu n'est pas celui qui a compté le plus d'années, mais celui qui a le plus senti la vie. »

Le peintre Ribeira travaillait avec tant d'ardeur qu'il en oubliait le boire et le manger. Il fut obligé de prendre un domestique pour lui rappeler l'heure des repas : « Seigneur Ribeira, vous n'avez pas mangé depuis tant d'heures. »

Vivre ce n'est pas respirer, c'est agir.

J.-J. Rousseau.

La peur d'en trop faire fait qu'on n'en fait pas assez.

Jules Troubat.

L'homme actif croit n'avoir rien fait tant qu'il lui reste quelque chose à faire.

BARRAU.

Aujourd'hui, tout le monde doit marcher ou courir : celui qui s'arrête est perdu.

Jules SIMON.

Avancer, tel est le grand point. Aucun de nous n'est arrivé. Nous sommes des gens en route.

A. DE GASPARIN.

Nous devons mesurer la vie par les actions, non par les années.

BOSSUET.

L'activité fait plus de fortunes que la prudence.

VAUVENARGUES.

Une sérieuse activité finit toujours par nous réconcilier avec l'avenir.

RICHTER.

Il faut des actions et non pas des paroles.

RACINE.

Une personne sagement active ne reste jamais oubliée longtemps, tout le monde désirant l'employer à son profit.

GŒTHE.

L'activité est la marchandise qui rapporte le plus.

Apophtegmes arabes.

Délibère lentement, exécute rapidement.

EPICTÈTE.

Il faut penser en homme qui n'est pas sûr du lendemain et agir comme si l'avenir était à nous.

L'activité est aussi nécessaire au bonheur que l'agitation lui est contraire.

DE LÉVIS.

II
ADVERSITÉ

(V. *courage, découragement, résignation, malheur*).

L'adversité éprouve l'homme : c'est dans l'adversité que l'on connaît l'honnête homme, qui résiste aux tentations mauvaises de la misère, l'homme courageux, qui ne se laisse pas abattre par le malheur. Lutter toujours contre les difficultés de la vie, ne pas nous laisser aller au découragement : voilà notre devoir. Nous trouverons la force nécessaire pour l'accomplir dans un travail persévérant, dans l'affection pour nos amis et surtout dans la pitié pour de plus malheureux.

Si tu es malheureux, console-toi en prenant part au malheur des autres ; plus tu entreras dans les douleurs des autres, plus les tiennes te sembleront légères.
DIETERLEN.

L'adversité est la pierre de touche du caractère.
BALZAC.

Dans l'adversité, on trouve facilement du courage pour souffrir avec ceux qu'on aime.
SCRIBE.

C'est dans l'adversité qu'on voit le vrai courage.
VOLTAIRE.

Ne vous laissez ni transporter ni décourager par les accidents de la vie.
CHESTERFIELD.

III

AFFECTATION

(V. *sottise, vanité, maintien.*)

L'affectation est une manière d'être qui nous éloigne du naturel.

Vous devez parler, agir, marcher, vous tenir simplement, naturellement, et ne pas chercher à affecter des manières et des connaissances qui ne sont pas les vôtres. On ne réussit ainsi qu'à attirer l'attention sur des défauts qui passeraient inaperçus. Sans doute, il est recommandable d'avoir un maintien distingué, un langage correct, de bonnes manières, mais il faut se garder de tomber dans l'afféterie, la vanité et la sottise.

Celui qui s'écoute parler écoute toujours un sot.

…

Quand on court après l'esprit, on attrape la sottise.

Montesquieu.

Ne te préoccupe point du désir d'attirer les regards, tu ne parviendras qu'à te montrer avec effort inférieur à ce que tu es.

Mme Guizot.

L'affectation découvre plutôt ce qu'on est, qu'elle ne fait voir ce qu'on voudrait paraître.

Le roi Stanislas.

Rien n'empêche tant d'être naturel que l'envie de le paraître.

La Rochefoucauld.

Toute affectation dans notre langage, nos gestes ou notre costume, est comme une lumière qui fait aussitôt découvrir en nous une absence de goût, de bons sens, ou de sincérité.

Locke.

Paraissons ce que nous sommes, et soyons simples et bons.

...

Il faut savoir être gai sans tumulte et poli sans affectation.

J.-J. Rousseau.

L'homme doué d'un esprit juste et solide ne tombe jamais dans l'affectation.

S. Dubay.

IV

AFFABILITÉ, AMABILITÉ

(V. *conversation, parler, politesse.*)

L'affabilité est une manière de se placer sans trop de familiarité au niveau de nos inférieurs ; elle est toujours l'effet et la preuve d'un bon cœur, et c'est la vertu la plus propre à nous concilier l'affection d'autrui.

Ch. Loubens.

Il ne suffit pas d'être bon, il faut le paraître : il faut que la bonté soit aimable.

P. J. Stahl.

Il est difficile que l'affabilité existe sans la bonté : on peut l'appeler la politesse du cœur.

Laténa.

L'affabilité n'est pas une de ces vertus superficielles qui ne résident que sur le visage; c'est un sentiment qui naît de la tendresse et de la bonté du cœur.

MASSILLON.

La bonne grâce, l'amabilité, c'est l'huile qui adoucit tous les ressorts de la vie.

P.-J. STAHL.

Le doux parler ne nuit de rien.

LA FONTAINE.

Aimez la familiarité : elle rend l'esprit souple, délié, modeste, maniable, déconcerte la vanité, et donne, sous un air de liberté et de franchise, une prudence fondée sur les principes indubitables de l'expérience.

VAUVENARGUES.

La source de la véritable amabilité n'est pas extérieure, elle est dans le fond de l'âme.

THÉRY.

..........Pour moi, je préfère
Laideur affable à beauté dure et fière.

VOLTAIRE.

V

AMBITION

Avoir trop d'ambition perd un homme ; en manquer complétement en fait un homme inutile. « L'ambition dénonce toujours dans l'homme une supériorité de nature », dit E. Pelletan. « Vouloir faire ce qu'un autre ferait mieux, vouloir commander quand on n'est capable que d'obéir, c'est une faute et un malheur. Ce n'est pas une faute moindre que de laisser prendre à un autre la place à laquelle on était destiné par son rang dans la famille et par son aptitude. L'homme vraiment sage est celui qui s'étant jugé et reconnu propre au commandement, ou à l'obéissance, accepte l'un avec modestie, ou se résigne à l'autre avec dignité. Il faut craindre sans doute que l'ambition ne soit la couverture de l'orgueil ; mais il faut craindre aussi que la modestie ne soit un prétexte à la paresse. » J. Simon.

Pour un enfant, aimer son école et avoir l'ambition de faire honneur à sa famille, à ses maîtres, à son pays, c'est la marque d'un bon écolier, d'un bon fils, d'un bon citoyen.

L'ambition veut monter haut, le héros se contente d'être grand.

S'il nous faut une ambition, ayons celle de faire beaucoup de bien, la seule ambition virile.

Jules SIMON.

Nourrir l'ambition dans son cœur, c'est porter un tigre dans ses bras.

Prov. chinois.

Celui qui regarde le soleil devient aveugle. Celui qui écoute le tonnerre devient sourd.

Prov. chinois.

L'esclave n'a qu'un maître; l'ambitieux en a autant qu'il y a de gens utiles à sa fortune.

LA BRUYÈRE.

VI

AMITIÉ

Il ne faut pas confondre le sentiment tout désintéressé qui seul mérite ce beau nom, avec le mobile égoïste qui rapproche souvent dans le monde de prétendus amis. L'amitié fondée sur l'intérêt n'est que le simulacre de la véritable amitié. L'amitié a un caractère éminemment moral. Les anciens la considéraient comme une vertu et tous les moralistes s'accordent à reconnaître qu'elle n'existe, à vrai dire, qu'entre gens de bien. Sans doute, l'amitié peut être utile et l'est souvent, mais cette utilité en est la conséquence et non le but. Nous n'avons de plaisir à rendre service à un ami qu'autant que nous croyons à son désintéressement et que nous ne soupçonnons pas un calcul dans les marques d'affection qu'il nous donne.

E. DE LA HAUTIÈRE

Pour les cœurs corrompus, l'amitié n'est point faite.

VOLTAIRE.

Dès qu'on craint le ridicule dans l'amitié, l'amitié n'est plus.

STENDHAL.

Ceux qui retranchent l'amitié de la vie semblent ôter le soleil au monde.

CICÉRON.

Le plus beau présent qui ait été fait aux hommes après la sagesse, c'est l'amitié.

LA ROCHEFOUCAULD.

La prospérité gagne à l'homme des amis, l'adversité les éprouve.
La Rochefoucauld.

L'amitié doit être discrète sous peine d'être lourde à porter.
M^{ise} de Blocqueville.

Lorsque l'amitié se fait gouvernante, elle est près de chavirer.
Carmen Sylva.

On obtiendra l'amitié d'un homme en cultivant en soi les qualités qu'on estime en lui.
Socrate.

L'ami de tout le monde n'est l'ami de personne.
Proverbe.

Ne laissez pas croître l'herbe sur le chemin de l'amitié.
Mme Geoffrin.

Pour savoir ce que c'est que le bonheur, il faut aimer, il faut vivre dans les autres.
Godwin.

Aimer ses semblables, c'est l'unique ressource contre le vide, l'inquiétude et l'ennui.
Mirabeau.

L'amitié, se glissant à travers les obstacles, va trouver les gens de bien et les unit.
Socrate.

L'amitié est préférable à la fortune.
Proverbe.

Mieux vaut un repas d'herbes où il y a de l'amitié qu'un repas de bœuf bien gras où il y a de la haine.
Salomon.

Contracter amitié avec quelqu'un, c'est faire alliance avec sa vertu.
Meng-Tseu.

Vieille amitié ne craint pas la rouille.

Proverbe.

Il n'est point de souffrance que la sympathie n'allège. Les tristesses de la vie se dissipent au rayon de l'amour fraternel comme les gelées d'automne fondent le matin quand le soleil se lève.

LAMENNAIS.

La vraie richesse de la vie, c'est l'affection; la vraie pauvreté, c'est l'égoïsme.

VINET.

Cela fait tant de bien quand un ami regarde dans votre âme!

CHATEAUBRIAND.

« Nous avons tant souffert ensemble! » voilà l'hymne de l'amitié.

CARMEN SYLVA.

L'amitié sincère vient peu à peu, elle s'infiltre avec l'estime et à mesure que les qualités se laissent apprécier.

LOUISE D'ALQ.

VII

CHOIX DES AMIS

Il faut être sévère sur le choix de ses amis, rechercher l'amitié des enfants sages, honnêtes et vertueux, fuir au contraire ceux qui se font remarquer par de mauvaises habitudes. On s'expose en les fréquentant à devenir comme eux, et dans tous les cas, on perd l'estime des honnêtes gens.

CH. BONNE.

Choisis pour ton ami l'homme que tu connais le plus vertueux.
PYTHAGORE.

L'ami qui fait le moins de bruit est souvent le plus utile.
BUDGELL.

Ne te hâte ni de faire des amis, ni de quitter ceux que tu as (1).
SOLON.

Ne soyez pas l'ami de tout le monde,
Et ne vous fiez point à des airs caressants.
SAULIÈRE.

Je veux un ami qui, connaissant les défauts de l'homme auquel il s'attache, le supporte comme un frère.
THÉOGNIS DE MÉGARE.

Votre véritable ami est celui qui ne vous passe rien et qui vous pardonne tout.
C.tesse DIANE.

Un ami sûr se connaît dans les circonstances difficiles.
ENNIUS.

Il y a des amitiés qui déconsidèrent et des inimitiés qui honorent.
SAUVAGE.

Voulez-vous juger d'un homme?... Observez ses amis.
FÉNELON.

Dis-moi qui tu aimes et je te dirai qui tu es.
A. HOUSSAYE.

---

(1) *Variante.* — Ne sois pas prompt à acquérir des amis, mais ceux que tu auras acquis ne leur enlève pas promptement ton estime.

Hésiode a dit de même: Ne te hâte point de mettre un ami au rang d'un frère, mais si tu le fais, garde-toi de lui nuire le premier, et n'use jamais à son égard de mensonge, même pour amuser ta langue.

VIII

DEVOIRS DES AMIS

Nous devons être fidèles à nos amis, les défendre quand ils sont absents, leur sacrifier nos impatiences, nos caprices, leur résister quand ils veulent le mal, les secourir généreusement dans leurs besoins, les traiter absolument sur le même pied que nous-mêmes.

J. Steeg.

Publius Rutilius ayant refusé ce qu'un de ses amis lui demandait, celui-ci lui dit : « A quoi donc me sert votre amitié si vous refusez de faire la chose dont je vous prie ? — Et à quoi votre amitié m'est-elle utile, repartit Rutilius, si elle me force à vous obliger contre l'honnêteté ? »

Larousse.

Un ami est un frère que nous nous sommes choisi.

J. Droz.

Le meilleur des amis est celui qui avertit son ami quand il s'égare et qui le remet dans le bon chemin.

Cicéron.

C'est rendre un service important à un homme que de l'empêcher de faire des sottises.

Christine de Suède.

Il vaut mieux déplaire à son ami, que de lui dissimuler ce qu'on a sur le cœur.

Marmontel.

Il ne faut avoir pour un ami rien de caché que le secret d'un autre ami.

TOUSSAINT.

Faire un secret à un ami des choses qu'il a intérêt de savoir, c'est presque le trahir.

CHRISTINE DE SUÈDE.

Transporte-toi lentement vers les dîners de tes amis, et promptement vers leurs infortunes (1).

KHILONE.

Fais le même visage à ton ami malheureux qu'à celui que la fortune favorise.

CLÉOBULE.

Il est plus honteux de se défier de ses amis que d'en être trompé.

LA ROCHEFOUCAULD.

Ne croyez jamais que l'amitié vous autorise à dire des choses désagréables à vos amis.

Retenons le bon mot qui peut tomber comme une hache sur le cou d'un ami.

PH. GERFAUT.

L'on ne peut aller loin dans l'amitié si l'on n'est disposé à se pardonner les uns aux autres les petits défauts.

LA BRUYÈRE.

---

(1) *Variantes.* — Tes amis t'invitent à un repas, arrive tard si tu veux. Ils t'appellent pour les consoler, hâte-toi.

(PROCYLIDE.)

Quand mon ami est malheureux, je vais le trouver; quand il est heureux, je l'attends.

(PETIT).

Les vrais amis attendent qu'on les appelle dans la prospérité; dans l'adversité, ils se présentent d'eux-mêmes.

(DÉMÉTRIUS DE PHALÈRE)

Qui ne sait pardonner ne sait pas aimer. L'amitié vit d'indulgence et de pardons réciproques.

H. DURAND.

Si mon ami est borgne, je le regarde de profil.

JOUBERT.

Vouloir des amis sans défauts, c'est ne vouloir aimer personne.

DE SACY.

Qui aime bien châtie bien.

Proverbe.

Il faut aimer la gloire d'un ami autant que sa vie.

CHRISTINE DE SUÈDE.

Aux premières chaleurs, ne serrez pas vos habits d'hiver ; aux premières caresses de la fortune, gardez-vous de tourner le dos à vos anciens amis.

Pensée chinoise.

Que ton ami trouve en toi ce que tu désires trouver en lui.

SAINT-LAMBERT.

Une des lois de l'amitié, c'est de ne pas être importun.

...

L'amitié véritable pense tout haut, parle toujours vrai, et ne garde jamais rancune.

DE JUSSIEU.

IX

AMOUR-PROPRE

L'amour-propre peut être un défaut ou une qualité. Si l'amour-propre est un excitant pour nous faire chercher le mieux sans envie, c'est une qualité ; si c'est un sentiment qui nous fait trouver ce que font les autres plus mal que ce que nous faisons nous-même, qui nous aveugle sur nos défauts et sur les qualités des autres, c'est un mal. C'est encore un mal que cette crainte, cette fausse honte qui empêche de donner la mesure de ce qu'on est, ni de ce qu'on a tenté ; c'est un déguisement de l'amour-propre.

Un écolier, d'un amour-propre mal placé, ne montrait ses devoirs à son professeur, que lorsqu'il les supposait sans défauts, pour s'éviter des observations. Or, comme l'enfant était réellement modeste, il soumettait rarement son travail à correction. Lorsqu'on l'interrrogeait, il ne répondait pas, de peur de mal répondre. Résultat : l'élève devint le dernier de sa classe ; les professeurs le considérèrent comme un paresseux et, croyant qu'il ne voulait rien faire, ne s'occupèrent plus de lui. Par amour-propre, un élève intelligent devint un cancre.

(D'après P.-J. Stahl).

Être mécontent de soi est une faiblesse ; en être trop content est une sottise.

Mme de Sablé.

Nous avons bien de la peine à n'être pas de l'avis de notre amour-propre.

Amiel.

L'amour-propre est presque toujours un égoïsme déguisé.

La Rochefoucauld.

L'amour-propre bien entendu est le fondement de plusieurs de nos vertus et le mobile de beaucoup de bonnes actions.

X

ANIMAUX (Devoirs envers les) ET LES CHOSES INANIMÉES

L'homme qui maltraite un animal fait preuve non-seulement de cruauté, mais de sottise et de lâcheté : de sottise, en lui demandant plus de travail qu'il n'en peut fournir; de lâcheté en abusant de sa force envers un être sans défense. Or, est-ce un indice d'humanité, que de paraître et d'être cruel, bête et lâche? Nous avons le droit de nous servir des animaux, de nous en nourrir, mais nous devons les traiter avec douceur.

Ne rien faire souffrir, ne rien détruire inutilement dans la nature, tel est notre devoir.

Deux enfants rencontrent un crapaud; ils se proposent de faire une bonne farce : l'un veut le piquer au haut d'une perche, pour voir ; l'autre, le tuer à coups de pierre. Survient une voiture attelée d'un âne : l'animal s'écarte pour ne pas écraser le crapaud Honte des enfants. (V. Voir Hugo et L. Ratisbonne).

Celui qui bat les chiens n'aime pas les hommes.

A. HOUSSAYE.

Ce n'est pas sans raison que l'on a dit que les amis des bêtes sont les amis de l'homme.

Mme Henry GRÉVILLE.

Je ne voudrais pas prendre pour ami celui qui écrase un insecte par son insouciance.

L'homme qui s'amuse à maltraiter les animaux se prépare peut-être à devenir grand criminel.

Moy.

Les habitudes d'endurcissement du cœur à l'égard des animaux les plus doux, nos compagnons, nos auxiliaires, sont faites pour brutaliser, férociser les instincts du cœur.

Lamartine.

Si tu t'accoutumes à faire du mal aux animaux, tu en feras bientôt aux hommes.

Franklin.

Accoutumez-vous à être bons envers les animaux, et vous serez bientôt bons envers tout le monde.

Mme Henry Gréville.

Ne frappez les animaux que pour les conduire et non pour le plaisir de les battre.

Cormenin.

Vous verrez les oiseaux (1) passer sous les nuages,
Et puis chaque matin gazouiller tout l'été.
Oh ! que c'est bien plus doux que de les voir en cage
    Sans chants ni liberté.

Eugénie de Guérin.

Écoutez donc l'oiseau, respirez donc la rose
Sans la prendre à la plaine, à l'air pur, au ciel bleu ;
Car toujours votre main à ce que créa Dieu
Même en le caressant enlève quelque chose.

A. Dumas fils.

---

(1) Vous les verriez, enfants (*Texte vrai*).

XI

ARGENT

(V. fortune, richesse, économie.)

« L'argent contribue au bonheur de celui qui sait l'employer, et fait le malheur de celui qui en mésuse, ou qui se laisse dominer par l'avarice ou la cupidité. » Larousse. — On ne doit aimer l'argent que pour l'usage utile et le bien qu'on en peut faire, et non pour le plaisir d'entasser. La possession de trésors ne donne pas le bonheur. Relire la fable de La Fontaine : *le Savetier et le Financier*.

L'argent est un bon serviteur et un mauvais maître.

L'argent n'est que la fausse monnaie du bonheur.

Proverbes.

La possession de l'argent n'est avantageuse que par l'usage qu'on en fait.

Franklin.

Une âme élevée n'estime l'argent que pour le bon usage qu'on en peut faire : elle s'abstient de tout profit dont la source ne serait pas parfaitement pure.

Moralistes anciens.

L'argent est comme le temps ; n'en perdez pas, vous en aurez assez.

De Lévis.

L'argent vaut moins que l'or, l'or moins que la vertu.

Si vous voulez savoir le prix de l'argent, cherchez à emprunter.
Franklin

L'avare est comme un chien dans une roue qui tourne la broche pour les autres.
Proverbe.

XII

ASPIRATIONS

(Idéal)

« Un idéal, ce n'est pas seulement, au milieu de l'atmosphère étouffante de l'égoïsme des hommes, un souffle d'air pur qui ranime et vivifie, au-dessus des obscurités et des doutes de l'existence quotidienne, une lumière qui guide et qui sauve. C'est quelque chose de plus que tout cela et que je voudrais dire d'un seul mot : avoir un idéal, voyez-vous, c'est avoir une raison de vivre.
Léon Bourgeois

On pourrait raconter ici l'histoire de presque toutes les grandes existences qui ont eu un but nettement défini et qui l'ont poursuivi avec opiniâtreté. Ex. Jeanne d'Arc, Pasteur, etc. Comment accomplit-on de grandes choses ? En les croyant possibles. « La foi transporte les montagnes. » Comment les savants découvrent-ils les secrets de la nature ? Les littérateurs écrivent-ils de beaux livres ? Les artistes font-ils de belles œuvres ? En cherchant sans cesse un idéal qu'ils se sont fait de la science, de la littérature et de l'art.

Qui n'aspire plus à rien, qui n'apprend rien n'est pas digne de vivre.
FEUCHTERLEBEN.

Avoir un idéal, c'est avoir une raison de vivre.
Léon BOURGEOIS.

Ayez contre la vie, à certains jours méchante,
L'idéal qui sourit.........................
FABIÉ.

Avoir un idéal, c'est avoir un but supérieur à l'action de chaque jour, c'est être quoi qu'on fasse, supérieur à ce qu'on fait.
Léon BOURGEOIS.

Aimer ce qui est grand, c'est presque être grand soi-même.
Mme NECKER.

Sans la poursuite d'un but idéal, toute vie devient inévitablement insipide.
COLANI.

Malheur à qui ne se conduit pas d'après un idéal; il peut toujours être content de lui, mais il est toujours loin de ce qui est bon et vrai.
Marie de BIRAN.

Ne pas admirer ce que les temps ont produit de bon, c'est refuser un juste encens au progrès des véritables lumières.
BEAUCHÊNE.

Tout ce qui ne rend pas ton esprit et ton cœur plus

forts et plus actifs, plus ardents pour le bien, ne vaut pas la peine d'être désiré avec ardeur.
LAVATER.

L'égoïsme et l'orgueil sont presque inévitables chez l'être qui n'a pas consacré sa vie à un objet supérieur à lui.
Mme NECKER DE SAUSSURE.

XIII

ATTENTION

(*Réflexion*).

L'attention est la concentration volontaire de l'esprit vers un objet déterminé. L'enfant attentif regarde pour voir, écoute pour entendre. De même que le burin grave des traits sur le métal, de même l'attention fixe les notions dans la mémoire.

On demandait à Newton comment il avait pu découvrir les lois de la gravitation universelle : « En y pensant toujours, répondit-il, c'est-à-dire, en dirigeant constamment sur un objet, la cause des mouvements célestes, toutes les forces de mon esprit, tous les efforts de ma pensée. »

L'attention est le burin de la mémoire.
DE LÉVIS.

L'attention double les forces de l'esprit.
THÉRY.

Il faut être tout entier à ce que l'on fait.
GUIZOT.

Fais bien ce que tu fais.
PROVERBE.

L'attention de l'esprit est une prière naturelle que nous faisons à la vérité intérieure pour que celle-ci se découvre à nous.
MALEBRANCHE.

On rend une œuvre possible en y pensant toujours.
Moralistes orientaux.

Le moyen sûr d'exceller en quelque chose est d'avoir une attention assidue et infatigable pendant que l'on est occupé.
CHESTERFIELD.

On acquiert les connaissances par l'attention, et le bon sens par la réflexion.
GUIZOT.

On juge qu'un homme est capable de grandes choses par l'attention qu'il porte aux plus petites.
TACITE.

XIV

BEAU (Art).

Le goût des belles choses, le sens de la beauté est l'un des caractères constitutifs de l'homme et, s'il existe quelques âmes fermées à cette révélation du beau, elles sont sans doute aussi rares que celles à qui la nature a refusé la conscience. La vérité est que l'ignorance seule mutile de ce sens foncièrement humain des millions de nos semblables. Chez tous, le germe existe, et vous devez chercher à le développer en vous, à connaître, à goûter, à aimer ce qui est beau si vous voulez être des hommes complets.

D'après C. Baude et E Pécaut.

On peut disposer toutes choses autour de soi avec un peu d'habileté et d'élégance. Quelques belles fleurs au jardin ne sauraient nuire aux choux et aux carottes. Un rosier, une vigne vierge, une glycine qui grimpe au mur, et le tapisse donne à la plus modeste demeure un air riant. Dans l'intérieur, de vieux meubles soigneusement entretenus et cirés ; quelques belles vieilles assiettes sur les galeries du dressoir ; au mur, deux ou trois gravures de bon goût encadrées de simple bois de chêne; dans un coin, sur une étagère, un vase où trempent quelques fleurs, sous la vaste cheminée, d'anciens chenêts de fer d'une forme élégante, c'est assez pour que l'art s'établisse à votre foyer et devienne votre hôte habituel.

(Les mêmes auteurs).

Otez de nos cœurs l'amour du beau, vous ôtez tout le charme de la vie.

J. J. Rousseau.

Ce qui est vraiment beau, c'est ce qui rend l'homme meilleur.

Mme de Staël.

La beauté est une fleur dont la bonté est le parfum.

Molière.

Le beau a besoin de s'appuyer sur le vrai.

De Gérando.

C'est quand une destinée est obscure, rude et laborieuse, qu'elle a surtout besoin de s'illuminer d'un pur rayon de poésie.

Pécaut et Baude.

Les pédants font de la morale avec les paroles, l'honnête homme en fait en action, l'artiste en fait avec son œuvre, quand elle émeut, passionne, élève l'âme par le choix de ses sujets.

Claudia Bachi.

XV

BÊTISE

La bêtise résulte de l'ignorance, du manque d'intelligence. Ceux qui sont bêtes sont plutôt à plaindre qu'à blâmer. Il ne faut donc pas se moquer d'eux ni leur faire des farces qui sont souvent méchantes. Dans ce cas, on peut dire que le plus bête n'est pas celui qu'on pense, puisque celui qui se croit intelligent emploie cette intelligence à faire souffrir un être inoffensif.

La bêtise se met au premier rang pour être vue ; l'intelligence se met en arrière pour voir.

Carmen Sylva.

Dans la plupart des mystifications, le plus bête n'est pas le mystifié.

Rien n'est si près de la bêtise que l'esprit sans raison.

Mme Necker de Saussure.

Se croire un grand esprit indique la bêtise.

La vanité n'est qu'une bêtise de l'amour-propre.
J. J. ROUSSEAU.

XVI

BIEN

(Voir *conscience, devoir, loi morale*).

Le devoir est la prescription de la loi morale, le bien en est l'accomplissement. Il faut toujours faire le bien, même quand il paraît contraire à nos intérêts immédiats. C'est un impératif catégorique, il n'admet pas de discussion. D'ailleurs, nous pouvons ajouter que notre intérêt est aussi de faire le bien : c'est dans l'accomplissement du devoir que se trouve le vrai bonheur ; de plus, si l'on envisage le bonheur purement matériel, le bien-être, on n'a pas encore trouvé de moyen plus sûr pour l'acquérir et le conserver que l'honnêteté, c'est-à-dire dans le sens le plus étendu de ce mot, la pratique du devoir, du bien.

Il n'y a qu'une base à la vie heureuse, c'est la recherche du bien et du vrai. Vous serez contents de la vie si vous en faites bon usage.
E. RENAN.

Réaliser le bien moral dans toute l'étendue de nos forces, c'est l'obligation ; croire au triomphe, à la pleine réalisation du bien, c'est la foi de la conscience.
Ch. SECRÉTAN.

S'il nous faut une ambition, ayons celle de faire le bien.

J. Simon.

Il y a plus de véritable grandeur dans une bonne action que dans un beau poème ou dans une grande victoire.

Lamartine.

Veux-tu être heureux sans être dupe? fais le bien, et pour toute récompense, compte sur toi seul.

Valyère.

Le premier pas vers le bien est de ne point faire de mal.

J.-J. Rousseau.

Il ne suffit pas de faire le bien, il faut encore le bien faire.

Diderot.

Le mieux n'est pas l'ennemi du bien, car cela reviendrait à dire : « Le mieux est l'ami du mal. »

V. Hugo.

L'amour du mieux est nécessaire pour stimuler l'amour du bien.

Proverbe.

Bien faire et laisser dire.

Proverbe.

Il n'y a qu'une seule manière d'aimer le bien, c'est de le faire.

P. J. Stahl.

Bien faire vaut mieux que bien dire.

Proverbe.

Dans les grandes actions, il faut seulement songer à bien faire et laisser venir la gloire après la vertu.

Bossuet.

L'amour du succès peut tuer l'amour du bien.
Mme DE PRESSENSÉ.

Se plaire à faire du bien est le prix d'avoir bien fait.
J.-J. ROUSSEAU.

Notre intérêt nous dit : Fais toujours le bien ;
La paix du cœur, l'estime en seront le salaire.
MOREL DE VINDÉ.

Le bien qu'on raconte est presque du bien qu'on sème.
LOURENS.

A faire une bonne chose, il y a en même temps bonheur et plaisir.
FRANKLIN.

XVII

BIENFAISANCE

(V. *charité, bonté*).

On ne fait que l'aumône quand on donne seulement à qui demande ; on pratique la bienfaisance quand on prévient la demande. L'aumône pourvoit aux besoins physiques, la bienfaisance pourvoit aux besoins moraux comme aux besoins physiques, mais principalement aux premiers ; car c'est déjà rendre l'homme meilleur que de lui donner une marque de bonté: Voulez-vous des obligés, faites l'aumône ; voulez-vous des amis, répandez des bienfaits. Il n'est besoin de fortune pour cela, il suffit souvent d'une démarche, d'une parole, d'un sourire. La vie de l'homme bienfaisant est une douce et longue émotion.

Jules LA BEAUME.

La façon de donner vaut mieux que ce qu'on donne.
CORNEILLE.

Voulez-vous savoir comment il faut donner ? mettez-vous à la place de celui qui reçoit.
PETIT SENN.

Il vaut mieux s'exposer à l'ingratitude que refuser à un misérable.

Le seul bonheur qu'on a vient du bonheur qu'on donne.
Edouard PAILLERON.

Celui-là seul mérite le nom de bienfaisant, qui fait le bien avec persévérance.
LEMONTEY.

La bienfaisance se manifeste par des actes.
MÉZIÈRES.

Il faut, pour plaire au ciel, aimer les malheureux
Et leur donner l'argent quand on n'a pas le cuivre.
Joindre les mains, c'est bien ; les ouvrir, c'est mieux.
RATISBONNE.

La libéralité consiste moins à donner beaucoup qu'à donner à propos.
LA BRUYÈRE.

Un léger secours donné à propos et dans un besoin extrême vaut mieux que cent bienfaits mal distribués.
Pensée chinoise.

Voulez-vous donner ? donnez vite.

. . .

On ne fait jamais le bien assez vite. Est-ce qu'il a le temps d'attendre ?
A. Dumas fils.

Donner tard, c'est refuser.

. . .

Il y a plus de plaisir à donner qu'à recevoir.
Evangile.

Le plaisir de faire du bien nous paie comptant de notre bienfait.
Massillon.

On aime plus à mesure qu'on a plus donné.
Henri Perreyre.

Le bonheur appartient à qui fait des heureux.
Delille.

Donner l'aumône n'appauvrit personne.
Proverbe.

Le seul moyen d'obliger les hommes à dire du bien de nous, c'est d'en faire.
Voltaire.

Il n'est pas seulement recommandé à l'homme de faire le bien, mais de faire tout le bien possible.
Mme Necker de Saussure.

Répands tes bienfaits sur tes amis pour qu'ils t'aiment plus tendrement encore ; répands-les sur tes ennemis pour qu'ils deviennent enfin tes amis.
Cléobule.

Soyez juste, humain, bienfaisant. Ne faites pas seulement l'aumône, faites la charité.
J.-J. Rousseau.

La charité est quelque chose de mieux qu'un bon mouvement du cœur ; c'est un acte d'équité et de bon sens.

SAUVAGE.

Faites aux autres ce que vous voudriez qu'on vous fît à vous-même.

Evangile.

XVIII

BIENFAIT

(bienfaiteur, obligé, reconnaissance.)

Devoirs du bienfaiteur. — Celui qui fait l'aumône et humilie l'indigent, qui vient en aide au misérable et prétend ensuite le diriger toute sa vie, celui qui veut faire du bien à ses semblables comme il l'entend et sans tenir compte de leurs préférences politiques ou religieuses, qui les traite comme des choses et oublie à leur égard le respect qu'on doit à tout être humain, entendent mal la pratique de la charité.

Devoirs de l'obligé. — Celui qui a reçu les bienfaits d'un autre homme et qui porte ensuite atteinte à la vie, à la liberté, à la propriété, à l'honneur de son bienfaiteur, est un monstre ; celui qui ne rend pas les services qu'il a reçus et qui hésite à sacrifier sa vie pour sauver celle de son bienfaiteur, à dépenser, pour lui venir en aide, la fortune qu'il lui doit, est un ingrat.

LALOI et PICARET

Rappeler ses bienfaits est un manque de tact; oublier ceux des autres est un manque de cœur.

Que celui qui a donné se taise ; que celui qui a reçu parle.
Prov. espagnol.

Un bienfait perd sa grâce à se trop publier ;
Qui veut qu'on s'en souvienne, il le doit oublier.
Corneille.

Un bienfait reproché tient lieu d'offense.
Racine.

Ne rappelez jamais vos bienfaits.
Méry.

Souvent l'obligé oublie un bienfait parce que le bienfaiteur s'en souvient.
Malesherbes.

Oublie les injures, jamais les bienfaits.
Confucius.

Ecrivez les injures sur le sable et les bienfaits sur l'airain.

Il y a du plaisir à rencontrer les yeux de celui à qui on vient de donner.
La Bruyère.

Un bienfait n'est jamais perdu.

C'est usurairement placer la bienfaisance.
Qu'au delà du bienfait chercher sa récompense.
Laya.

Publier un bienfait, s'il faut que je le dise,
C'est d'un acte obligeant faire une marchandise.
Même auteur.

XIX

BIENVEILLANCE

(Voir *amabilité, politesse*).

« L'humanité dans les actes, c'est la bienfaisance, dit V. Cousin ; dans les sentiments, c'est la bienveillance ». La bienveillance, est, en effet, une bonne volonté, une disposition favorable envers autrui ; elle consiste dans le désir de faire du bien, dans une simple disposition à écouter favorablement. Rien n'est plus facile que d'être bienveillant. « Ne nous lassons donc pas, dirons-nous avec Mme Swetchine, de jeter sur notre route des semences de bienveillance et de sympathie. Sans doute, il en périra beaucoup, mais s'il en est une qui lève, elle embaumera notre route et réjouira nos yeux. »

La bienveillance est la fleur de l'amitié.

BERNARDIN DE SAINT-PIERRE.

La bienveillance donne plus d'amis que la richesse et plus de crédit que le pouvoir.

J.-J. ROUSSEAU.

Il y a des témoignages d'intérêt et de bienveillance qui font plus d'effet et sont réellement plus utiles que tous dons.

J.-J. ROUSSEAU.

Restons bienveillants, même pour ceux qui ne le sont pas pour nous.

E. LEGOUVÉ.

XX
BONHEUR
(heureux).

Le bonheur absolu est la satisfaction complète et continuelle. Est-il possible ? Oui, si l'on n'aspire pas à un trop grand bonheur, dit Fontenelle. Pour être heureux, ne vous effrayez pas de votre peu de ressources, suppléez gaiment à ce qui vous manque et ne portez point envie aux autres, appliquez-vous plutôt à borner vos désirs qu'à les satisfaire, ne demandez à vos semblables que ce qu'ils peuvent vous donner, tâchez de faire le plus de bien possible, soyez toujours vertueux et ne perdez jamais l'espérance.

Un puissant monarque de l'Asie, qui s'ennuyait royalement, demande à ses mages quel est le moyen d'être heureux ; l'un d'eux lui répond que le seul moyen de trouver le bonheur, c'est de porter la chemise de l'homme heureux. Des envoyés sont aussitôt expédiés dans tout l'empire pour chercher cet objet précieux. Recherches vaines ! Découragés, les envoyés aperçoivent à leur retour un charbonnier qui chante et qui se déclare tout à fait content et heureux. Malheureusement le charbonnier n'avait pas de chemise. Morale : le bonheur peut se rencontrer dans toutes les conditions, si l'on sait se contenter de son sort.

Le plus souvent on cherche son bonheur, comme on cherche ses lunettes quand on les a sur le nez.

G. Droz.

Le bonheur consiste principalement à s'accommoder de son sort et à vouloir être ce qu'on est.

Érasme.

On est heureux lorsque l'on se fait un plaisir de son devoir (1).

...

Faire honnêtement et avec plaisir un travail qui nous plaît, c'est le bonheur tout simplement.

G. Claretie.

Pour être heureux, il est indispensable de croire d'abord au bonheur.

G. de Peyrebrune

Il y aurait de quoi faire bien des heureux avec le bonheur qui se perd dans ce monde (2).

De Lévis.

On n'apprécie pas assez les petits bonheurs, car ce sont eux qui font le charme de la vie ; les grands l'exaltent, mais la troublent souvent plus qu'on ne le croit. Et puis, ils sont si rares !...

...

Ne vous exagérez pas les maux de la vie et n'en méconnaissez pas les biens, si vous cherchez à vivre heureux.

Joubert.

---

(1) Rapprochons deux autres pensées de celle-ci ;
La science du bonheur est d'aimer son devoir et d'y chercher son plaisir.

(Csse Dash.)

Le bonheur de la vie, c'est le travail librement accepté comme un devoir.

(E. Renan.)

(2) Même pensée d'Émile Augier :
Que d'heureux on ferait avec ce qui se perd de bonheur en ce monde !

C'est en vain qu'on cherche au loin son bonheur, quand on néglige de le cultiver en soi-même ; car il a beau venir du dehors, il ne peut se rendre sensible qu'autant qu'il trouve au dedans une âme propre à le goûter.

J. J. Rousseau.

Le sentier du bonheur est quelque part ; cherchons-le et nous le trouverons presque toujours près de nous, si près qu'il avait échappé à nos regards.

M. E. Wormely.

A ceux qui perdent leur vie présente, l'avenir n'apportera pas et ne peut apporter le bonheur.

Channing.

Quand vous aurez cessé de songer au bonheur, vous l'aurez trouvé.

Ch. Sécrétan.

Aucun homme n'est heureux : il est vrai que de tous les mortels que le soleil éclaire de ses rayons, aucun n'est vertueux.

Solon.

Il peut y avoir de la vertu sans bonheur ; je ne crois pas qu'il y ait de bonheur sans vertu.

Em. de Girardin.

Voulez-vous être heureux une journée, portez un habit neuf ; une semaine, tuez un cochon ; un mois, gagnez un procès ; un an, achetez une maison ; toute la vie, soyez honnête homme.

Prov. espagnol.

Il y a un moyen de devenir un peu plus heureux tous les jours : c'est de devenir meilleur.

P. Sauvage

Les bonnes actions, la paix de la conscience, la recherche du vrai, du bien, dépendent de nous, et c'est par là seulement que nous pouvons être heureux.

Maine de Biran.

Il n'y aura de bonheur que quand tous seront égaux ; il n'y aura d'égalité que quand tous seront parfaits.

E. Renan

On ne fait son bonheur qu'en s'occupant de celui des autres.

Bernardin de Saint-Pierre.

Le bonheur est une denrée merveilleuse ; plus on en donne, plus on en a.

...

Il n'y a pas de satisfaction pareille à celle de rendre son semblable heureux.

Mme d'Épinay.

Il ne faut jamais désespérer de son bonheur quand on peut faire celui d'un autre.

Sauvage.

Le bonheur consiste à faire le bien.

Aristote.

Pour savoir ce que c'est que le bonheur, il faut aimer, il faut vivre dans les autres.

Godwin.

Volonté de se vaincre, esprit juste et bon cœur,
Voilà les qualités qui donnent le bonheur.

Morel de Vindé.

Le bonheur appartient à qui fait des heureux.

Delille.

C'est assez de bonheur que de pouvoir faire une bonne action.

Carmen Sylva.

XXI

BON SENS

Le bon sens est la rectitude pratique du jugement : «Le bon sens, dit La Beaume, ne voit que le but proposé et s'y dirige par le chemin le plus court.» C'est une qualité précieuse. Deux écueils sont à éviter ici : croire que l'instruction peut dispenser du bon sens, c'est-à-dire du jugement, et le dédaigner ; prétendre que le sens commun suffit à tout et que la science ne sert de rien pour juger sainement.

Santeuil disputait très fortement avec le frère du roi sur des question d'esprit :« Sais-tu bien, Santeuil, lui dit le Prince en colère, que je suis prince du sang ? » — « Oui, monseigneur, répondit le poëte, mais moi, je suis prince du bon sens, ce qui est infiniment plus estimable.»

On n'est jamais médiocre quand on a beaucoup de bon sens et de bons sentiments.
JOUBERT.

Le bon sens consiste à n'apercevoir les objets que dans la proportion exacte qu'ils ont avec notre nature ou avec notre condition.
VAUVENARGUES.

Pour avoir beaucoup de bon sens, il faut être fait de manière que la raison domine sur le sentiment, l'expérience sur le raisonnement.
VAUVENARGUES.

Le génie illumine l'esprit, éclaire ; le bon sens dirige.
LA BEAUME.

Le bon sens est le casque qui nous défend. L'esprit ressemble au panache qui voltige et nous expose davantage.
Th. Young.

Donner à l'esprit le pas sur le bon sens, c'est préférer le luxe au nécessaire.
S. Dubay.

Un peu de bon sens fait évanouir beaucoup d'esprit.
Vauvenargues.

Les hommes sensés sont les meilleurs dictionnaires de conversation.
Goethe.

Tout homme qui a du sens commun peut, par une culture particulière, avec du soin, de l'attention et du travail, devenir tout ce qu'il voudra.
Chesterfield.

XXII

BONTÉ

On dit que les occasions de faire le bien ne sont pas communes ; les supposer rares, c'est être bien ignorant en fait de bonté. Si l'on n'est pas souvent à portée de rendre de grands services, il n'est pas de jour où l'on ne puisse travailler à rendre la situation de quelqu'un meilleure. En société, le désir d'obliger, qui va au-devant de tous les désirs ; en famille, la douceur qui procure la paix, et la sagesse qui la conserve ; avec ses inférieurs, un traitement doux et raisonnable, qui fasse disparaître les désagréments de leur

condition en maintenant la subordination ; puis donner des avis à ceux qui en ont besoin, calmer une inquiétude, alléger un chagrin, voilà de quoi occuper toutes les heures de la vie.
FÉNELON.

Par dessus toutes choses, soyez bons ; la bonté est ce qui désarme le plus les hommes.
LACORDAIRE.

On ne peut faire du bien à tout le monde, mais on peut toujours témoigner de la bonté.
ROLLIN.

Dans l'histoire où la bonté est la perle rare, qui a été bon passe avant qui a été grand.
Victor HUGO.

Pour être toujours assez bon, il faut quelquefois l'être un peu trop.
MARIVAUX.

L'homme tire le bien qu'il fait de son cœur, non de sa bourse.
J.-J. ROUSSEAU.

Les grandes lumières viennent de la bonté (1).
Henri PERREYRE.

La bonté, qui est la santé morale des âmes, est indispensable à la vie de tous et de chacun.
P. J. STAHL.

Soyons bons, puis nous serons heureux. N'exigeons pas le prix avant la victoire, ni le salaire avant le travail.
J.-J. ROUSSEAU.

---

(1) Vauvenargues a dit de même :
Les grandes pensées viennent du cœur.

Le premier de nos devoirs, celui qui est la condition de tous les autres, c'est de devenir bons afin de pouvoir faire le bien.
Ernest NAVILLE.

Nous sommes bons, on abuse de notre bonté, mais ne nous corrigeons pas.
VOLTAIRE.

XXIII

CALME

Le calme s'oppose ici à la colère ; il n'est pas défendu de s'indigner du mal ni de s'enthousiasmer pour le bien ; c'est au contraire la marque d'un vrai caractère. Mais il faut garder son sang-froid dans l'action. Dans la discussion, rappelez-vous aussi que celui qui se fâche a tort ; dans les désagréments et les ennuis de la vie, regardez le moins mauvais côté des choses ; prenez-en votre parti et tâchez d'y remédier ; ne vous fâchez pas pour des minuties. Ce sont toujours les mêmes qui se querellent et se battent, et ce ne sont pas souvent ceux qui ont raison et qui sont les meilleurs.

Un jour, Turenne, vêtu en négligé, était accoudé à une fenêtre. Un aide cuisinier, le prenant pour un camarade, le frappe d'un coup très fort. Turenne se retourne. Confusion du domestique en reconnaissant son maître. « Je croyais que c'était Georges, dit-il. » Réponse calme de Turenne : « Et quand c'eût été Georges, il ne fallait pas frapper si fort. »

On ne respecte pas celui qui s'agite : le calme seul est imposant.
Mme DE STAËL.

Il est inutile de se fâcher contre les choses, car cela ne leur fait rien du tout.
Mme DE STAËL.

On ne règne sur les âmes que par le calme.
E. LEGOUVÉ.

Le sang-froid est le maître du monde.
P.-J. STAHL.

La tristesse vient du trouble de l'âme. La certitude du devoir accompli ou à accomplir donne un calme qui conduit aisément à la joie.
JOUBERT.

Ne vous laissez ni transporter ni décourager par les accidents de la vie.
CHESTERFIELD.

XXIV

CALOMNIE

Lorsque vous entendez accuser quelqu'un, émettez d'abord un doute charitable, afin d'amortir l'effet de ce qui n'est peut-être qu'une calomnie. Discutez ensuite paisiblement cette accusation. Soumettez-la aux simples lumières du bon sens : si cela suffit à l'ébranler, c'est déjà une grande présomption contre elle. Remontez alors courageusement à son auteur. Si elle est fondée, retirez-vous en silence ; si elle est calomnieuse, employez votre énergie à la combattre, à l'anéantir, s'il se peut, avant qu'elle ne soit parvenue à l'oreille de la victime. Il y a entre tous les hommes solidarité de probité, d'honneur et de vertu. Prendre la défense de son semblable, c'est se défendre soi-même, c'est défendre tous les hommes.

Ch. La Beaume.

Un quaker passant sur une grande route, son cheval marcha sur un chien qui lui mordit la jambe, ce qui faillit démonter le cavalier. Celui-ci dit au chien : « Je ne porte point d'armes, je ne te tue pas, mais je te donnerai mauvaise renommée. » Là-dessus ayant aperçu des gens qui travaillaient près de là dans les champs, il se mit à crier : « Au chien enragé. » Dans l'instant le chien fut assommé.

Larousse.

La parole du calomniateur est comme un charbon : quand elle ne brûle pas, elle noircit.

...

La parole, comme la flèche, ne revient plus. Regarde, avant de la lancer, si elle n'est pas empoisonnée.

...

Tu peux dompter l'éléphant, arrêter le sanglier rapide, le cheval sauvage ou le taureau furieux. mais jamais le serpent venimeux de la calomnie.

De Nordstern.

Méchante parole jetée ne peut se rattraper.

Proverbe.

Il y en a plus qui sont tombés par le tranchant de la langue que par le tranchant du glaive.

...

XXV

CARACTÈRE

« Tout ce qui forme l'esprit et le cœur est compris dans le caractère. » On peut diviser les caractères en caractères de résistance et caractères de concession. Les premiers doivent s'étudier à être modérés dans l'expression de leurs idées, tolérants pour autrui ; les seconds doivent exercer leur volonté et leur initiative et éviter l'entêtement, ce qui est le défaut des faibles. Le mot caractère a aussi le sens d'humeur ; dans ce cas, il faut toujours montrer que l'on a bon caractère en étant toujours de bonne humeur.

On ne peut compter sur celui qui hurle avec les loups, braie avec les ânes, et bêle avec les moutons.

Proverbe.

Le caractère n'est jamais petit quand l'homme est bon.

P. J. Stahl.

C'est de son propre caractère, comme d'une source féconde, que l'homme répand, sur ce qui l'entoure, la joie et le plaisir.

Plutarque.

La pièce la plus importante d'un homme, n'est ni son savoir, ni son talent ; c'est son caractère.

Bretonneau.

Un bon caractère est aussi essentiel qu'un bon tempérament.

J.-J. Rousseau.

La douceur des formes n'exclut point la force du caractère ; le câble flexible résiste à la fureur des flots et préserve du naufrage.

DE LÉVIS.

Quiconque n'a pas de caractère n'est pas un homme, c'est une chose.

CHAMFORT.

Une personne sans caractère est un visage sans physionomie.

DUCLOS.

L'homme d'un caractère aimable et doux fait le bonheur de ses concitoyens.

PHOCYLIDE.

Chien hargneux a toujours l'oreille déchirée.

Proverbe.

Diseur de bons mots, mauvais caractère.

PASCAL.

Un homme irritable ressemble à un porc-épic roulé sur le bord du chemin et qui se tourmente lui-même avec ses épines.

Moralistes anglais.

XXVI

CHARITÉ

(V. *bienfaisance, bonté,* etc.)

La charité, c'est l'amour du prochain. Elle consiste à faire aux autres ce que nous voudrions qu'on nous fît à nous-mêmes. Il ne faut pas confondre la charité et l'aumône qui n'en est qu'une forme. On est charitable en secourant le prochain en péril, en le soignant dans la maladie, en lui faisant connaître les lois de l'hygiène, en l'instruisant, en le défendant contre les médisants et les calomniateurs, en le protégeant contre ses ennemis, en lui fournissant du travail, etc. On est charitable lorsqu'on montre dans les relations de chaque jour une grande bienveillance, de l'empressement à rendre service, en un mot, de la bonté.

Lire : Le vieux pauvre, de Jean Aicard (*Le livre des petits*) et les pauvres gens, de Victor Hugo (*La légende des siècles*).

Donnez du peu que vous avez à ceux qui ont encore moins.
LACORDAIRE.

La bienfaisance donne, la charité aime.
L. VEUILLOT.

On n'est pas complètement juste, si l'on n'est charitable.
...

La charité consiste à juger bonnement d'autrui, sévèrement de soi-même.
NICOLE

La charité n'est pas un acte, mais une vie.
LOBSTEIN.

Les hommes disparaîtraient bientôt de la terre, s'ils cessaient de s'entr'aider les uns les autres.
WALTER SCOTT.

Donner son cœur, voilà la charité suprême.
Jean AICARD.

Il se faut entr'aider, c'est la loi de la nature.

La Fontaine.

Ne différons jamais d'obliger le prochain,
Car on n'a pas toujours occasion pareille.
Le bien que l'on a fait la veille
Fait le bonheur du lendemain.

Le Bailly

Ecoutez la pitié, secourez vos égaux ;
Ajoutez à vos biens en soulageant leurs maux.

Delille.

Pardonner sincèrement et de bonne foi, pardonner sans réserve, voilà la plus rude épreuve de la charité.

Bourdaloue.

Ne gâtez pas une bonne action par de mauvaises paroles. Donner de l'argent, c'est bien ; donner à la fois de l'argent et son cœur, c'est mieux.

...

XXVII

CŒUR

« La tête pense et raisonne ; le cœur sent et inspire. L'homme n'est complet qu'en ayant à la fois de la tête et du cœur. » Sentiment, bonté, volonté appliquée au bien, voilà ce que désigne le mot cœur au moral. C'est pourquoi Rollin a dit : « Ce sont les bonnes qualités du cœur qui donnent le prix aux autres, et qui, en faisant le vrai mérite de l'homme, le rendent aussi un instrument propre à procurer le bonheur de la société. »

Ayez le cœur haut et l'esprit modeste.

JOUBERT.

La raison peut nous avertir de ce qu'il faut éviter ; le cœur seul dit ce qu'il faut faire.

JOUBERT.

C'est par l'esprit qu'on s'amuse, mais c'est par le cœur qu'on ne s'ennuie pas.

...

Dans les choses où le cœur n'est pas, la main n'est jamais puissante.

J. BARBEY D'AUREVILLY.

Aussitôt que le cœur sera d'accord avec la conscience, il y aura force et joie, et la pratique du bien deviendra facile.

...

Les grandes pensées viennent du cœur.

VAUVENARGUES.

Il faut que les pensées naissent de l'âme, les mots des pensées et les phrases des mots.

JOUBERT.

On vit avec son intelligence, mais on vit de son cœur.

Ch. DE BERKELEY.

Le cœur est assez large pour loger beaucoup d'affections, et plus vous en donnerez de sincères et de dévouées, plus vous le sentirez grandir en force et en chaleur.

G. SAND.

Plus nous développons notre cœur, plus il s'agrandit ; plus nous aimons, plus nous nous dévouons, plus nous devenons capable d'amour et de dévouement.

LABOULAYE,

Rien n'assure mieux le repos du cœur que le travail de l'esprit.

DE LUYNES.

Un bon cœur fait pardonner bien des étourderies.

Il vaut presque mieux avoir le cœur joyeux que la vie heureuse. Le cœur joyeux supplée à tout.

VINET.

XXVIII

COLÈRE

La colère ôte à l'homme sa raison : il n'obéit plus qu'à ses instincts animaux. Il n'est plus que d'un degré au-dessus de la brute. L'homme qui parvient à maîtriser sa colère n'est pas seulement un sage, c'est un homme prudent, c'est un homme habile, car rien ne peut résister au sang-froid.

Ch. LA BEAUME.

S'irriter contre les obstacles, c'est avouer son impuissance à les vaincre.

G. M. VALTOUR.

La colère est une courte démence.

FÉNELON.

La colère est l'arme de la faiblesse (1).

DE SÉGUR.

---

(1) Variante: La violence est souvent une crise de la faiblesse.
POTONIÉ, Pierre.

Où la colère a semé, c'est le repentir qui recueille.
                              MANZONI.

Ne fais rien dans la colère. Mettrais-tu à la voile pendant la tempête (1).
                              ...

Il faut être plus prompt à apaiser un ressentiment qu'à éteindre un incendie.
                              Moralistes anciens.

Le bruit n'est pas plus la force que le tonnerre n'est la foudre.
                              L'abbé Roux.

Dompter sa colère, c'est triompher de son plus grand ennemi.
                              Prov. latin.

XXIX

COMMANDER

Commander est la chose du monde la plus difficile et qui exige le plus de tact. Il y faut beaucoup de politesse, point de vaine exigence, rien de ce qui ressemble à la sotte vanité ; on doit se dire chaque fois que l'on donne un commandement : Obéirais-je si l'on me parlait ainsi ? — En règle générale, demander tout simplement est plus convenable et plus sûr que de commander.
                              D'après LA BEAUME.

---

(1) Variante : Agir d'après une détermination qu'on a prise au milieu de la colère, c'est s'embarquer sur un vaisseau au milieu de la tempête.

On ne sait jamais bien commander que ce qu'on sait exécuter soi-même.

J.-J. ROUSSEAU.

La douceur est utile à ceux qui doivent commander.

LA BRUYÈRE.

Si tu crains celui qui te commande, sois bon pour celui qui t'obéit.

XXX

COMPLAISANCE

Au plaisir que nous fait éprouver l'empressement d'un ami, ou d'une simple connaissance, ou d'un étranger à répondre à notre désir, nous pouvons juger du bénéfice certain et solide que procure la complaisance. Quand donc serons-nous convaincus que ce n'est pas à l'importance du service que se mesure la reconnaissance, mais à la grâce mise à le rendre, et que rien ne coûte moins et ne rapporte plus qu'une complaisance.

LA BEAUME.

La complaisance est une monnaie avec laquelle les moins riches peuvent toujours payer leur écot (1).

Mme DU DEFFANT.

---

(1) Variante : La complaisance est une monnaie à l'aide de laquelle tout le monde peut, à défaut de moyens essentiels, payer son écot dans la société.

VOLTAIRE.

La douceur de caractère, la facilité d'humeur et l'envie de rendre service produisent la complaisance.

LATÉNA.

Qui dit ce qu'il sait, qui donne ce qu'il a, qui fait ce qu'il peut n'est pas obligé à davantage.

Alfred DE MUSSET.

La complaisance doit avoir des bornes : elle ne doit dégénérer ni en bassesse, ni en servitude.

XXXI

COMPAGNIE

On prend les mœurs des personnes qu'on fréquente, et malheureusement, si l'on admire la vertu et les belles actions, on les imite beaucoup moins souvent que l'on n'imite les vices, même en les méprisant. Il faut donc éviter les mauvaises compagnies, car, si l'on ne vous connaît pas par vous-même, on croira vous connaître par votre société habituelle.

L. MARTEL.

Je me promenais : je vois à mes pieds une feuille à demi desséchée qui exhalait une odeur suave. Je la ramasse et la respire avec délices. « Toi qui exhales de si doux parfums, lui dis-je, es-tu la rose ? — Non, me répondit-elle, mais j'ai vécu quelque temps avec elle ; de là vient le doux parfum que je répands.

(D'après SAADI).

On ne peut vivre un certain temps ensemble sans se ressembler un peu ; tout contact est un échange.

Mme A. Daudet.

On ne peut que gagner en bonne compagnie.

Béranger.

Il ne faut qu'une brebis galeuse pour gâter un troupeau.

Proverbe.

Il vaut mieux être seul qu'en mauvaise compagnie (1).

Proverbe.

Qui se ressemble s'assemble.

Proverbe.

Dis-moi qui tu hantes, je te dirai qui tu es (2).

Proverbe.

On ne peut rester longtemps dans la boutique d'un parfumeur sans en emporter l'odeur (3).

Près des méchants, on se gâte sans peine.

Voltaire.

D'un sac à charbon, il ne saurait sortir blanche farine.

Proverbe.

N'entre point dans le sentier des méchants.

Bible.

---

(1) Variante : La compagnie des sots est pire que la solitude.
(2) Ingénieuse variante d'Arsène Houssaye :
   Dis-moi qui tu aimes, je te dirai qui tu es.
(3) Variante des moralistes anglais :
La mauvaise compagnie est comme la fumée de tabac ; vous ne pouvez y rester longtemps sans en emporter l'odeur.

La mauvaise compagnie est pareille au chien qui salit le plus ceux qu'il aime le mieux.
SWIFT.

N'habite pas dans le voisinage d'un lieu mauvais, ou tu souffriras de la contagion.
Maxime chinoise.

Des bons tu n'apprendras rien que de bon ; mais si tu te mêles aux méchants, tu perdras même ce que tu avais de sens (1).
THÉOGNIS, DE MEGARE.

La compagnie des honnêtes gens est un trésor.
Moralistes anciens.

XXXII

CONDUITE

La conduite c'est la mise en pratique des principes moraux. Un homme dont la conduite n'est pas en rapport avec les principes, qui blâme chez les autres ce qu'il fait lui-même, est un hypocrite.

Ne fais pas toi-même ce qui te déplaît chez les autres
THALÈS DE MILET.

L'homme n'est pas maître de ses sentiments, mais il est maître de ses actions.
E. LEGOUVÉ.

---

(1) Variante : Celui qui fréquente les sages devient sage lui-même ; l'ami des insensés deviendra semblable à eux.
Bible.

Il y a des gens qui n'ont de la morale qu'en pièce. C'est une étoffe dont ils ne font jamais d'habit.

JOUBERT.

Rien n'est plus habile qu'une conduite irréprochable.

Mme DE MAINTENON.

La meilleure et la seule mesure du caractère, c'est la conduite.

CHANNING.

Ceux de qui la conduite offre le plus à rire
Sont toujours sur autrui les premiers à médire.

MOLIÈRE.

Ne permets pas au soleil de te fermer les yeux avant d'avoir examiné chaque action de ta journée.

PYTHAGORE.

XXXIII

CONFIANCE

Que la personne choisie pour lui accorder notre confiance ait un jugement droit; qu'elle apprécie l'honneur que nous lui faisons ; que ses intérêts ne l'obligent pas à vouloir le contraire de ce que nous désirons.

Quand c'est nous qui sommes investis de la confiance de quelqu'un, nous devons tout souffrir plutôt que de la tromper : un traître est le plus méprisable, comme le plus méchant de tous les hommes.

Quant à la confiance que chacun de nous doit avoir en soi, tout ce qu'on peut en dire, c'est qu'il

faut en avoir, ne pas trop en avoir, et surtout ne jamais en faire parade.
Jules La Beaume.

Il est rare d'inspirer de la confiance quand on n'en montre point.
Mme Riccobini.

Nous devons vivre de manière à pouvoir confier à tout le monde les motifs de nos actions.
La Beaume.

La confiance est l'estime de soi étendue aux autres.
Latena.

La confiance fournit plus à la conversation que l'esprit.
La Rochefoucauld.

Se confier avec prudence, se défier avec mesure, deux règles essentielles dans les rapports sociaux.
Latena.

La confiance en soi-même est la force des esprits supérieurs. Cela devient la présomption quand il s'agit des sots et des incapables.
Olivier Chantal.

XXXIV

CONNAISSANCE DE SOI-MÊME

Se connaître soi-même est une condition de bonheur et de sûreté pour l'homme. S'il connaît ses défauts, il peut chercher à s'en corriger ; s'il connaît les imperfections de son esprit, il peut s'efforcer d'y remédier. S'il se présente une circonstance où il croie devoir faire prévaloir un droit, ou même le soutenir par la force, avant de s'engager, il prendra conseil des moyens dont il est certain de pouvoir disposer.

L. MARTEL.

Il faut que la sévérité bien ordonnée commence par soi-même.

Mme DE STAËL.

Ne méprise pas les petites choses en considérant combien tu es incapable d'en faire de plus grandes.

LACORDAIRE.

Connais-toi toi-même.

CHILON.

Tel qui voit un danger menaçant pour autrui,
N'aperçoit pas le gouffre entr'ouvert devant lui.

Frédéric BATAILLE.

Le plus souvent on cherche son bonheur comme on cherche ses lunettes quand on les a sur le nez.

G. DROZ

On se voit d'un autre œil qu'on ne voit son prochain.

LA FONTAINE.

De toutes les connaissances, la première à accepter est celle de notre ignorance.

Mrs. ELLIS.

Ceux qui n'ont rien à se reprocher ont la conscience bien malade.

Marie VALYÈRE.

Il faut se piquer d'être raisonnable, mais non pas d'avoir raison, de sincérité, mais non pas d'infaillibilité.

JOUBERT.

Cherche les vertus chez les autres et les vices chez toi.

FRANKLIN.

Pour commander aux autres, il faut savoir se gouverner soi-même.

PITTACUS.

. . . . Qui rit d'autrui
Doit craindre qu'en revanche on rie aussi de lui.

MOLIÈRE.

Où la guêpe a passé, le moucheron demeure.

LA FONTAINE.

Ne vous amusez pas à vous plaindre; rien n'est moins utile : mais fixez d'abord vos regards autour de vous ; on a quelquefois dans sa main des ressources que l'on ignore.

VAUVENARGUES.

XXXV

CONSCIENCE

Conscience : voix intérieure qui nous dit : ceci est bien, ceci est mal, juge inflexible dont les arrêts peuvent bien être méprisés pour un temps, mais conservent toute leur force et leur valeur et nous écrasent tous à la fois à un certain moment de notre vie. L'intelligence de l'homme tend au bien moral, ses instincts tendent au bien matériel. Le dernier n'est pas la conséquence nécessaire du premier : souvent même il en est le contraire. De cet antagonisme résulte, entre l'intelligence et les instincts, une lutte qui serait inégale si la conscience ne servait de guide à l'intelligence parfois troublée par les violences des instincts.

Jules La Beaume.

Nul ne peut être heureux s'il ne jouit de sa propre estime.

Celui qui veut sérieusement arriver au but, risque peu de manquer le chemin ; la conscience, à l'ordinaire, parle assez distinctement à quiconque veut l'écouter.

Vinet.

La gloire d'un homme de bien, c'est le témoignage d'une bonne conscience.

Imitation.

La conscience est l'unique miroir qui ne flatte ni ne trompe.

Reine Christine.

Que nous le voulions ou que nous ne le voulions pas, la conscience prononce en nous, pour nous, contre nous, des arrêts contre lesquels il nous est impossible de protester.

Lamartine.

La conscience ne nous trompe jamais ; elle est le vrai guide de l'homme ; elle est à l'âme ce que l'instinct est au corps.

Vinet.

La conscience est d'autant plus délicate qu'elle est plus pure.

Bautain.

Subordonner la conscience, c'est la supprimer, car elle-même se reconnaît et se déclare souveraine.

Ch. Secrétan.

La conscience ressemble aux facultés de l'esprit, elle a besoin d'éducation. En l'exerçant, on lui apprend à voir plus juste.

E. LEGOUVÉ.

Il en est un peu de la conscience comme de ce membre amputé, disparu, laissé sur un champ de bataille ou une table d'hôpital, et qui, par moments, fait encore souffrir celui qui l'a perdu.

Ludovic HALÉVY.

Une conscience pure est le plus doux des oreillers.

LE BAILLY.

Si vous ne portez pas au dedans la source véritable, c'est-à-dire la paix de la conscience, l'innocence du cœur, en vain vous les chercherez au dehors.

MASSILLON.

Tout est orage quand la paix n'est pas au-dedans.

MAINE DE BIRAN.

Tu es triste, le soir ; la journée pèse sur toi ; pourtant tu n'as pas fait de mal. Alors, pourquoi ce reproche intérieur ? — Tu n'as pas fait de bien.

DIETERLEN.

On garde sans remords ce qu'on acquiert sans crainte.

CORNEILLE.

La bonne conscience ne coûte jamais ce qu'elle vaut.

PETIT SENN.

Conserve pure ta conscience, et tu auras le soutien de la vie qui ne manquera jamais.

LAVATER.

La sérénité que répand dans l'âme une conscience pure dispose naturellement à la bienveillance ; rien n'empêche davantage d'être bon pour les autres que d'être mal à l'aise avec soi-même.

BALZAC.

Celui dont la conscience est pure et tranquille trouve du charme à tout ce qui l'entoure ; c'est pour lui seul que la nature est belle.

XXXVI

CONSEILS

On ne doit donner des conseils qu'en vue du bien et avec un complet désintéressement. Nous devons écouter les conseils que l'on nous donne, avec déférence, surtout s'ils viennent de personnes plus âgées et plus expérimentées que nous, et en tenir grand compte pour notre détermination ; mais nous ne devons pas suivre aveuglément un conseil, ni dire après l'insuccès : « Ce n'est pas ma faute, on m'avait conseillé d'agir ainsi. »

Évitons de tomber dans les travers que signale de Ségur : « L'avare même en est prodigue (de conseils) : chacun les donne libéralement, presque personne n'aime à les recevoir et encore moins à en profiter ; et si, parfois, on demande un conseil pour la forme, c'est, au fond, un compliment ou une approbation qu'on veut recevoir. »

Celui qui ne sait pas être conseillé ne peut pas être secouru.
FRANKLIN.

Enfant, sois réglé ; jeune homme, sois fort ; homme, sois juste ; vieillard, sois éloquent.
STOBÉE.

Sois colimaçon dans le conseil, oiseau dans l'action.

...

Aimez qu'on vous conseille et non pas qu'on vous loue.
Boileau.

Bon conseil n'a pas de prix.
Proverbe.

Qui donne à propos un bon conseil donne plus que s'il donnait de l'or.
Lamennais.

Celui qui souffle le feu s'expose à être brûlé par les étincelles.
Guy de Maupassant.

XXXVII

CONTENTEMENT (Contentement de soi).

Il vaut mieux être satisfait de son sort que d'être riche. On recherche la richesse et les honneurs parce qu'on les considère comme la source du bonheur. Or, le bonheur n'est pas d'avoir ce qu'on désire, mais d'être content de ce qu'on a et d'en jouir.
L. Martel.

Contentement passe richesse.
Proverbe.

Celui qui n'est jamais content de lui-même ne contente jamais personne.

...

Le contentement de soi-même est la preuve et la récompense d'une bonne conduite.

BARRAU.

Le grand art est d'apprendre à bien vivre avec soi.

GRESSET.

Le secret témoignage qu'on se rend à soi-même est une des meilleures jouissances.

VOLTAIRE.

On ne se sent à son aise que là où l'on se sait à sa place.

...

Le bonheur ne consiste pas à posséder beaucoup, mais à se contenter de peu.

Comtesse DE BLESSINGTON.

Ceux qui se plaignent de la fortune n'ont bien souvent à se plaindre que d'eux-mêmes.

VOLTAIRE.

Un homme mécontent de tout le monde est rarement satisfait de lui-même.

J. PETIT-SENN.

On se montre sans motif mécontent des autres quand on a des motifs de l'être de soi.

G. M. VALTOUR.

Rien ne doit tant diminuer la satisfaction que nous avons de nous-mêmes que de voir que nous désapprouvons dans un temps ce que nous approuvons dans un autre.

LA ROCHEFOUCAULD.

XXXVIII

CONVERSATION

(Voir *parler*).

Sachez parler à chacun un langage qui lui convient et sans étaler jamais des prétentions déplacées et des connaissances trop étendues ; prouvez à ceux qui vous approchent que vous avez assez d'intelligence et de bon sens pour vous intéresser à toutes choses.

E. LOURENS.

Si vous voulez être agréable dans la conversation, ne parlez guère de vous.

Mme DE MAINTENON.

C'est une grande misère de n'avoir pas assez d'esprit pour bien parler, ni assez de jugement pour se taire.

LA BRUYÈRE.

La conversation des gens qui parlent sans cesse d'eux-mêmes est un miroir qui présente toujours leur impertinente figure.

MONTESQUIEU.

On est plus sociable et d'un meilleur commerce par le cœur que par l'esprit.

LA BRUYÈRE.

Ne dites que ce qui peut servir aux autres ou à vous-même. Évitez les conversations oiseuses.

FRANKLIN.

Le secret de plaire dans les conversations est de ne pas trop expliquer les choses.

LA ROCHEFOUCAULD.

Le grand art de plaire dans la conversation est de faire que les autres y soient contents d'eux-mêmes.

Grégoire.

Une des choses qui fait que l'on trouve si peu de gens qui paraissent raisonnables et agréables dans la conversation, c'est qu'il n'y a presque personne qui ne pense plutôt à ce qu'il veut dire qu'à répondre précisément à ce qu'on lui dit.

La Rochefoucauld.

XXXIX

CONVICTION

(Opinion).

Il faut avoir une opinion réfléchie sur les sujets graves, mais quelque motivée, quelque sage que nous semble notre opinion, nous ne devons jamais oublier que celle qui lui est opposée peut être tout aussi consciencieuse que la nôtre.

D'après La Beaume.

Si quelqu'un vous dit qu'il n'est d'aucun parti, commencez par être sûr qu'il n'est pas du vôtre.

. . .

La conviction est la conscience de l'esprit.

Chamfort.

La conviction est l'honneur de l'homme.

Gutzkow.

Si vous voulez convaincre les autres, prêtez-vous vous-même à la conviction.
CHESTERFIELD.

La faiblesse des convictions fait celle des conduites.
GUIZOT.

La franchise manque en général où la conviction manque.
VINET.

Point de conviction, point de force.
E. DE GIRARDIN.

XI

COSTUME

(Habit, tenue, maintien).

On doit toujours avoir des habits propres. Avec des habits usés, de forme très simple, d'étoffe grossière, mais propres, on est toujours en état de paraître convenablement. L'essentiel c'est qu'on ne voie pas sur les vêtements ni boue, ni poussière, ni taches de graisse, ni déchirures.

La singularité dans les ajustements est inexcusable. C'est une preuve de folie ou l'effet d'une ridicule originalité ; la mode du pays où l'on vit est pour l'ordinaire la règle que l'on doit suivre dans le choix et la forme des habits.
PINARD.

On pardonne plus aisément un trou dans le caractère d'une personne que sur ses habits.

Je voudrais qu'une jeune fille n'eût jamais besoin des mains d'autrui pour tous les objets qui lui servent à se vêtir.
FÉNELON.

On reçoit l'homme suivant l'habit qu'il porte, et on le reconduit suivant l'esprit qu'il a montré.
...

Il y a dans les vêtements frais une sorte de jeunesse dont la vieillesse doit s'entourer.
JOUBERT.

Le soin de sa personne est pour l'homme le signe certain et la première condition du respect de soi-même.
MARION.

Un mérite est bien médiocre s'il a besoin d'être relevé par l'éclat d'une toilette recherchée.
PINARD.

XLI

COURAGE

(V. *découragement, caractère, résignation*).

On donne le nom de courage à la force de volonté à l'aide de laquelle l'homme affronte un péril qui lui est connu, à la force d'âme qui lui fait surmonter le malheur et à celle plus grande, plus admirable cent fois, qui lui fait braver les dangers qu'entraîne quelquefois l'accomplissement d'un devoir.
J. LA BEAUME.

On ferait beaucoup plus de choses si l'on en croyait moins d'impossibles.

Ceux-là ne sont pas dignes d'être aidés qui n'ont pas le courage de s'aider eux-mêmes.
CORBON.

Aide-toi, le ciel t'aidera.
Proverbe.

Le courage n'est pas seulement une vertu, c'est la sauvegarde de toutes les autres.
LOCKE.

Il y a peu de choses impossibles d'elles-mêmes et l'application pour les faire réussir nous manque plus que les moyens.
LA ROCHEFOUCAULD.

L'homme courageux est celui qui brave le danger s'il ne peut s'y soustraire, et l'évite si c'est possible.
LUCAIN.

L'homme vraiment courageux n'est pas celui qui se précipite en aveugle dans un abîme : c'est celui qui, en ayant mesuré la profondeur y descend les yeux ouverts et lentement.
P. J. STAHL.

Qui s'expose au péril veut bien trouver sa perte.
CORNEILLE.

Qui ne craint point la mort ne craint point qui la donne.
GRESSET.

Qui sait tout souffrir sait tout oser.
VAUVENARGUES.

Tout homme de courage est un homme de parole.
CORNEILLE.

On ne peut répondre de son courage quand on n'a jamais été dans le péril.
LA ROCHEFOUCAULD.

Ce que tu vas faire, ose le dire.
THALÈS.

Les lumières ne font qu'éclairer la route, mais ne donnent point aux hommes la force de la parcourir.
Benjamin CONSTANT.

Quand on accepte un mal avec courage et que l'on consent à le subir, on le porte mieux et souvent on le domine.
BAUTAIN.

Le vrai courage n'est pas seulement un aérostat qui nous élève, mais un parachute dans le malheur.
L. BOERNE.

Le sort peut nous ravir nos biens, mais il ne doit pas abattre notre courage.
SÉNÈQUE.

Du courage, et toujours! sans cette condition il n'est pas de vertu
SILVIO PELLICO.

XLII

CRÉDULITÉ

Toutes les intelligences ne sont pas également cultivées, toutes ne le sont pas de la manière qui leur conviendrait le mieux, toutes enfin n'ont pas le même dégré de perspicacité. Celles à qui sont échues de mauvaises chances dans ces lots inégaux manquent ou des notions pour critiquer ou de la force nécessaire pour raisonner. Elles croient de confiance : c'est donc un crime que de les abuser.

Jules La Beaume.

Ne croyez pas tout ce que vous entendez, car celui qui croit tout ce qu'il entend, croit souvent ce qui ne peut pas exister.

Précepte arabe.

Beaucoup de gens d'esprit sont crédules, les personnes instruites ne le sont jamais.

La Beaume.

XLIII

CRITIQUE

Il est plus facile de reprendre les autres que de mieux faire qu'eux. La critique, par le sens étymologique du mot, est l'art ou l'acte de juger les productions de l'esprit, elle peut être favorable ou défavorable. Avec une signification restreinte, celle qu'il a dans le proverbe, ce mot désigne l'acte de reprendre de censurer.

L. Martel.

La critique est aisée, mais l'art est difficile (1).

Destouches.

La critique n'est intelligente que lorsqu'elle est sympathique.

Arnold.

---

(1) Variante de Lévis :
La critique n'est pas aisée, mais l'art est plus difficile.

Le temps est le critique le plus vieux et le plus infaillible de tous.
Ed. Rousse.

La critique doit faire l'effet de mouchettes et non d'éteignoir.
Paul Masson.

Quand la critique n'a rien à guérir, il faut qu'elle se taise.
J. Janin.

La critique des sots est l'encens du génie.
Millevoye.

XLIV

CURIOSITÉ

Le désir de connaître (la curiosité) produit d'admirables résultats quand il ne s'exerce qu'au profit de l'intelligence. Mais s'il descend aux misères, s'il ne nous conduit qu'aux phénomènes de la foire et aux tours des jongleurs et des baladins, il n'est plus que niaiserie ; s'il a pour objet de satisfaire un vain et souvent coupable besoin de s'instruire dans les secrets d'autrui, il devient un vice déplorable, faisant chaque jour de nouveaux progrès à l'insu même de celui qu'il domine. La meilleure preuve que la curiosité exercée à l'égard du prochain est blâmable, c'est le soin que prend le curieux de se satisfaire en cachette, la peur qu'il a d'être surpris, l'obligation où il est souvent d'avoir recours au mensonge.
Schmit.

Les oreilles d'un curieux sont comme des ventouses qui attirent tout ce qu'il y a de mauvais.
PLUTARQUE.

La curiosité n'est que vanité ; le plus souvent on ne veut savoir que pour parler.
PASCAL.

La curiosité est un criminel suivi de son bourreau.
MÉRY.

La curiosité est le défaut des enfants qui ne savent rien et des sots qui s'occupent des sottises d'autrui.
Mme de PUISIEUX.

XLV

DÉCOURAGEMENT

Le découragement est la perte de tout courage ; il abat l'énergie, il se manifeste par la tristesse et l'inaction. On ne doit pas s'abandonner au découragement : « C'est la mort morale », a dit La Rochefoucauld.

Mieux vaut marcher comme on peut que de perdre le temps à se lamenter de ce qu'on ne peut marcher mieux.
ROCHAT.

Ce qui ne répare rien, c'est le découragement.
P. J. STAHL.

Rien ne ressemble à l'orgueil comme le découragement.
AMIEL.

La bonne humeur met un rayon de soleil sur les fonds les plus noirs.

Jamais le sentiment de nos faiblesses ne doit nous jeter dans le découragement.

VAUVENARGUES.

On ne peut jamais être fatigué de la vie; on n'est fatigué que de soi-même.

Carmen SYLVA.

XLVI

DÉDAIN
(Fatuité, orgueil)

Le dédain vient de la haute idée qu'une personne a d'elle-même ; il ne suppose pas que l'objet dédaigné soit mauvais en lui-même, mais seulement qu'on le juge indigne de son attention. L'homme le plus modeste et le plus simple est obligé de mépriser certaines personnes et certaines actions ; le dédain n'est jamais exempt d'une fierté qui est quelquefois un sentiment méprisable.

LAROUSSE.

De jolis traits qui s'habituent à la grimace du dédain, deviennent des traits renfrognés.

JOUBERT.

Le dédain, excepté pour le vice, indique toujours une borne dans l'esprit.

Mme de STAËL.

Qui sait tout apprécier ne dédaigne rien et se refuse à la moquerie.

DE CUSTINE.

Si un homme me tient à distance, ma consolation est qu'il s'y tient aussi.

SWIFT.

XLVII

DÉFAUTS

On est toujours le martyr de ses propres défauts.
Carmen SYLVA.

Si nous prenions autant de peine pour vaincre nos défauts que nous en prenons pour les cacher, nous en serions bien vite délivrés.
...

Tout arbre a son ombre; toute qualité est accompagnée d'un défaut.
Proverbe turc.

Comme l'homme est incomplet, le plus accompli est celui qui a le moins de défauts.
...

Le plus petit défaut gâte un chef-d'œuvre en lui ôtant la perfection.
STAHL.

Les voies d'eau n'ont pas besoin d'être bien grandes qui font sombrer les plus fiers navires.
STAHL.

Ceux qui ont le plus de défauts sont les premiers à remarquer ceux des autres.
LA ROCHEFOUCAULD.

Quand on veut bien descendre dans son propre cœur, tout se comprend et s'excuse chez les autres.
J. L. MICHELI.

Songez à vos défauts avant de condamner les autres.
CATON.

Supportez les défauts de vos amis comme vous supportez les vôtres.

FÉNELON.

Celui qui t'entretient des défauts des autres, entretient les autres des tiens.

DIDEROT.

Il coûte moins à certains hommes de s'enrichir de mille vertus que de se corriger d'un seul défaut.

LA BRUYÈRE.

XLVIII

DÉFIANCE

La seule chose qui puisse faire excuser les gens défiants, c'est que le triste caractère qu'ils ont reçu de la nature ne contribue pas à leur bonheur, et que, s'ils font souffrir les autres, ils souffrent autant pour leur compte. « Mieux vaut mourir une fois que de périr tous les jours », disait César. Les grands et généreux caractères ont peine à donner accès dans leur âme à la défiance, et ils sont toujours portés à juger les autres d'après eux-mêmes.

LAROUSSE.

On est plus souvent dupe par la défiance que par la confiance.

Cardinal de RETZ.

En certaines choses, il vaut mieux être trompé qu'être en défiance.

SÉNÈQUE.

Un jeune homme méfiant court le danger d'être fourbe un jour.

JOUBERT.

XLIX

DÉLICATESSE

La délicatesse, dit la Beaume, est un sentiment exquis de tout ce qui est bien, de tout ce qui est bon, de tout ce qui est irréprochable surtout par le cœur. Prévenir à propos les désirs des autres ; éviter de raviver leurs douleurs par des paroles imprudentes, d'augmenter leurs peines par l'étalage d'un bonheur qui leur manque ; rendre les services avec tact, ce qui en double le prix ; ménager toujours l'amour-propre de ceux qui nous entourent : voilà les principales formes de la délicatesse.

Récit

Un homme rempli d'honnêteté et de délicatesse en connaissait un autre également honnête auquel il pouvait être utile par son crédit. Il lui écrivait un jour : « Je vois l'occasion de vous rendre un service essentiel et de faire votre fortune ; je vais la saisir, mais j'y mets une condition, c'est que vous ne direz jamais que vous tenez de moi ce service. »

La réponse fut : « Je suis on ne peut plus sensible au bien que vous voulez me faire ; mais je ne puis me soumettre à la condition que vous m'imposez, et j'aime mieux renoncer aux avantages qui me sont offerts que de ne pouvoir publier ma reconnaissance. »

CAPELLE.

N'entretenez pas de votre bonheur une personne moins heureuse que vous.

La délicatesse est la fleur de la vertu.

La délicatesse cache sous le voile des paroles ce qu'il y a de rebutant dans les choses.

VAUVENARGUES.

Les hommes simples et vertueux mêlent de la délicatesse et de la probité jusque dans leurs plaisirs.

La délicatesse est le scrupule dans la probité (1).

La délicatesse est l'élégance de la probité.

Comtesse DIANE.

L

DÉPENSES

(Economie, épargne).

Lire aux enfants : Le sifflet de Franklin.

Celui qui achète le superflu est bientôt obligé de vendre son nécessaire.

FRANKLIN.

Soyez en garde contre les petites dépenses.

FRANKLIN.

---

(1) La délicatesse est le point d'honneur de la probité. Ne pensez point qu'elles puissent être séparées longtemps, quand la première s'en va; l'autre se lève pour la suivre.

Variante DE LAMENNAIS

Prenez garde aux petites dépenses : une petite voie d'eau submergera un grand navire.
Comtesse DIANE.

On se fait plus riche en diminuant sa dépense qu'en augmentant ses revenus.
MASSIAT.

Régler sa dépense sur son revenu, c'est sagesse ; dépenser tout son revenu, c'est imprudence ; dépenser plus que son revenu, c'est folie.
D. CARON.

Dépensez toujours un sou de moins que votre bénéfice net.
FRANKLIN.

LI

DÉSORDRE

Je me méfie de l'esprit et de la moralité des gens à qui le désordre ne coûte aucun souci, qui vivent à l'aise dans les écuries d'Augias. Notre entourage reflète toujours plus ou moins notre nature intérieure. L'âme ressemble à ces lampes voilées qui, malgré tout, jettent au-dehors une lueur adoucie. Si les goûts ne trahissaient pas le caractère, ce ne seraient plus des goûts, mais des instincts.
SOUVESTRE.

Le désordre déjeune avec l'abondance, dîne avec la pauvreté et soupe avec la misère.
FRANKLIN.

Le désordre a trois inconvénients : l'ennui, l'impatience, la perte de temps.

LII

DETTES

Le débiteur qui s'acquitte de ses dettes ne gagne pas seulement la satisfaction de ne rien devoir et la tranquillité, il fait un bénéfice réel. L'intérêt qu'il a à payer pour l'argent employé par lui est toujours plus élevé que le revenu qu'il tire du capital emprunté. Une somme de 1000 fr. placée en rentes rapporte 40 fr. par an au taux de 4 0/0. La même somme de 1000 fr. empruntée à 6 0/0 vous oblige au paiement de 60 fr. par an. Vous payez 20 fr. de plus que vous recevez. Vous avez donc intérêt à éteindre votre dette.

L. Martel.

Qui paie ses dettes s'enrichit.

Proverbe.

Il vaut mieux s'endormir sans souper que de se réveiller avec des dettes.

Proverbe anglais.

Le second vice est de mentir, le premier est de s'endetter. Le mensonge monte en croupe de la dette.

Franklin.

Mille larmes ne paient pas une dette.

Proverbe turc.

Le travail paie les dettes, le désespoir les augmente.

Franklin.

Le moyen de prévenir les grosses dettes, c'est de n'en jamais faire de petites.

Loubens.

LIII

DEVOIR

Le devoir est une règle, mais une règle purement intérieure appréciée par la raison et reconnue par la conscience ; c'est une règle dont rien ne peut nous affranchir parce qu'elle ne dérive pas d'une convention, ni d'un acte de volonté plus ou moins arbitraire. On ne doit obéir au devoir que par le motif du devoir ; faire son devoir pour une raison qui ne serait pas précisément la loi du devoir, ce n'est pas faire son devoir.

Paul JANET.

La science du bonheur est d'aimer son devoir et d'y chercher son plaisir.
RENAN.

Dites ce qui est vrai, faites ce qui est bien.
J. J. ROUSSEAU.

Fais ce que dois, advienne que pourra.
Proverbe.

La région calme du devoir est supérieure à celle des craintes et des espérances.
Mme NECKER DE SAUSSURE.

Vous ne pouvez pas tout ; faites ce que vous pouvez, regardez au devoir beaucoup plus qu'au succès.
VINET.

Le seul acte de la vie de l'homme qui atteigne toujours son but, c'est l'accomplissement du devoir.
Mme DE STAËL.

Le devoir fidèlement rempli ouvre l'esprit à la vérité.
CHANNING.

Que vos pieds suivent le sentier du devoir et vous aurez toujours le front dans la lumière.
P. STAPFER.

Va où tu veux ; meurs où tu dois.
Proverbe.

Heureux celui qui goûte son devoir, qui va de bon cœur à sa tâche de chaque jour.
E. BERSOT.

Il n'y a qu'un bonheur : le devoir. Il n'y a qu'une consolation : le travail. Il n'y a qu'une jouissance : le beau.
Carmen SYLVA.

Le devoir ne fronce les sourcils que tant que vous le fuyez. Suivez-le, il vous sourit.
Carmen SYLVA.

Quiconque met le bien-être avant le devoir est incapable d'indépendance.
GASPARIN.

Le bon esprit nous découvre notre devoir.
LA BRUYÈRE.

Mon devoir me suffit, le reste n'est rien.
VOLTAIRE.

Fais bien, tu auras des envieux ; fais mieux, tu les confondras.
* * *

A chacun de nos droits correspond un devoir.
Mme RIGAULT.

Tout ce qui s'est fait de grand dans le monde s'est fait au cri du devoir; tout ce qui s'y est fait de misérable s'est fait au nom de l'intérêt.
LACORDAIRE.

Il ne suffit pas d'être disposé à faire son devoir, il faut le connaître.

...

Dans les temps troublés il est souvent plus difficile de connaître son devoir que de le faire.
GUIZOT.

Aussitôt que vous connaîtrez votre devoir ne vous souciez pas des bonnes raisons qui vous empêcheraient de l'accomplir.
Sarah-Orne JEWET.

Nous pouvons tous quelque chose, peu ou beaucoup, et ce que nous pouvons, nous le devons.
Frédéric PASSY.

Le devoir est de toutes les heures, de tous les instants; s'il s'interrompt, il cesse d'exister.
Ch. ROZAN.

Le devoir que tu as deviné te lie dès l'instant où tu l'as deviné.
AMIEL.

Faites votre devoir et laissez faire aux dieux (1).
CORNEILLE.

Le devoir est d'être utile non comme on le désire, mais comme on le peut.
AMIEL.

En toutes choses, faire ce qui dépend de soi et, pour le reste, être ferme et tranquille.
ÉPICTÈTE.

Un pas hors du devoir peut nous mener bien loin.
CORNEILLE.

---

(1) Var. de Voltaire.
Faites votre devoir, les dieux feront le reste.

LIV

DÉVOUEMENT

Le dévouement contente notre raison et il remplit notre cœur. Faire le bien, aimer, secourir et s'oublier soi-même, qu'y a-t-il de plus doux, et de plus élevé dans la vie ? Sans doute, le dévouement a existé de tout temps, mais il est plus large et plus pur qu'autrefois, il est maintenant « le tout de l'homme. » Les générations humaines se le sont légué comme un flambeau qui chaque jour est devenu plus lumineux et plus pur. Comme des coureurs, dit Lucrèce, en parlant des générations qui se succèdent sur la surface de la terre, les hommes se lèguent le flambeau de la vie. C'est véritablement le dévouement qui est le flambeau de la vie. Qu'on l'attise et qu'on le nourrisse, car, lui éteint, la vie humaine serait dans la nuit.

LAROUSSE.

RÉCIT

Le cri au feu ! au feu ! retentit dans la rue : déjà une maison est près de s'écrouler, un pauvre petit enfant y paraît à une fenêtre : un homme s'élance à travers les tourbillons de fumée et de flamme, saisit l'enfant, redescend et touche la terre au moment où s'abîme le dernier pan de mur. Voilà une belle action, il fallait pour l'accomplir de la charité, de la générosité, du courage, il fallait plus que chacune de ces vertus, il les fallait toutes à la fois et puis encore l'abnégation ; voilà le dévouement.

LA BEAUNE.

Un jour de dévouement rachète bien des fautes.

A. BARBIER.

Soyez celui qui lutte, aime, console, pense, pardonne et qui, pour tous, souffre.

V. HUGO.

Le dévouement inspiré par la reconnaissance est une religion pour les âmes généreuses.

LATÉNA.

On est toujours bien là où on se dévoue.

G. SAND.

A quoi sert le dévouement quand tout est perdu ? Il sert à faire honorer l'humanité dans la personne de quelques hommes.

LACORDAIRE.

LV

DIGNITÉ

Les hommes qui veulent toujours garder leur dignité personnelle ont soin de n'oublier aucune des actions de leur vie. S'ils ne les consignent pas dans un journal, ils les gravent dans leur mémoire et toutes les fois qu'ils ont à prendre une résolution décisive, toutes les fois qu'ils se trouvent en face d'un danger, ils interrogent leur passé comme le guide le plus sûr et le plus fidèle. Ceux qui suivent cette méthode ont rarement à se reprocher une faiblesse qui les oblige à rougir.

Gustave PLANCHE.

6.

RÉCIT

Un gentilhomme de Morgues, canton de Vaud, passant devant la poste aux lettres de son pays, appela le directeur et l'interpella d'un ton impoli : « L'ami, n'as-tu rien pour moi ? — Non, l'ami, il n'y a rien pour toi. — Et depuis quand s'il vous plaît, ce ton de familiarité ?

— Depuis que nous sommes amis. »

Un manant sur ses pieds est plus grand qu'un gentilhomme à genoux.

FRANKLIN.

La dignité de la personne humaine se fonde tout entière sur la liberté morale.

ANCILLON.

Je gagnerai ma vie et je serai homme; il n'y a point de fortune au-dessus de cela.

ROUSSEAU.

LVI

DILIGENCE

Demain l'occasion sera peut-être passée, un danger sera survenu qui ne pourra être conjuré et l'on regrettera de n'avoir pas agi hier. Voulons-nous nous corriger d'un défaut? il sera enraciné demain plus profondément qu'aujourd'hui. Il n'y a pas de raison pour que celui qui n'a pu faire une chose aujourd'hui facile vienne demain à bout de cette chose devenue réellement difficile.

Ne remettez jamais au lendemain ce que vous pouvez faire dans la journée.
Franklin.

Faites dans la journée ce que vous avez résolu le matin, n'anticipez jamais sur l'avenir en remettant au lendemain.
Mme Elisabeth.

Jour où les paresseux travaillent et où les fous se réforment : demain.

On triomphe des mauvaises habitudes plus facilement aujourd'hui que demain.

LVII

DISCRÉTION

La première qualité dont un homme doit faire preuve dans ses rapports avec ses semblables est la discrétion. Un homme qui ne sait pas voir, ni entendre et garder pour lui sa science n'est pas digne d'avoir des amis. On appelle aussi discrétion une sorte de retenue qui fait qu'on use modérément de son droit et d'une permission accordée. Il est peu de qualités qui rendent plus agréable et qui soient en même temps plus profitables. Elle implique à la fois de la condescendance et de la modération et l'on sait toujours gré de la condescendance et l'on accorde toujours plus volontiers à celui qui ne mesure jamais.
J. La Beaume.

La discrétion est plus qu'une qualité, c'est presque une vertu. C'est elle qui donne son principal charme à l'amitié, elle est pour ainsi dire comme la fleur d'une âme tendre et délicate. C'est à la discrétion que les relations sociales doivent leur plus grand prix; autant le bavard, l'indiscret et le fat sont détestés et mis à l'écart, autant l'homme doux, modeste et discret est recherché par tous; de lui on n'a pas à craindre ces questions embarrassantes et curieuses qu'on pardonne à peine aux enfants terribles; on peut librement devant lui dire son opinion sur les choses et les gens sans crainte de se faire des ennemis ou de se créer des embarras; on peut lui faire les offres de services les plus larges, dans la certitude qu'il n'en abusera pas.

LAROUSSE.

Une personne indiscrète est comme une lettre qu'on a oublié de cacheter et que tout le monde peut lire.

* * *

Celui qui donne la plus petite portion de son secret n'a plus le reste de son pouvoir.

J.-P. RICHTER.

Ne dites jamais ce qui ne peut servir aux autres ou à vous-mêmes.

FRANKLIN.

L'on se repent rarement de parler peu, très souvent de trop parler.

LA BRUYÈRE.

Le mot que tu retiens est ton esclave, celui que tu laisses échapper est ton maître.

Proverbe persan.

Il faut savoir se retirer avec discrétion quand on s'aperçoit qu'on est de trop.

La parole dite au trou de l'oreille d'un ami est entendue par nos ennemis à la distance de cent lieues.
CHESTERFIELD.

Un enfant ne doit avoir de secret que celui des autres.
CHESTERFIELD.

LVIII

DOMESTIQUES

(V. *serviteurs*).

On doit choisir avec soin les domestiques, les surveiller, leur accorder une confiance proportionnée à leur honnêteté et à leur zèle, les conserver autant que possible, être bon et reconnaissant pour les anciens serviteurs, n'oublier jamais qu'ils sont hommes et ne pas permettre que les enfants l'oublient et les traitent avec dureté et grossièreté.

Les domestiques doivent être honnêtes, zélés, polis et complaisants, ne donner aux enfants que de bons conseils et de bons exemples, rester le plus longtemps possible chez les maîtres où ils trouvent bonté et affection.
P. LALOI et F. PICAVET.

Traitons nos domestiques comme nous voudrions être traités nous-mêmes si nous étions à leur place.
FRANKLIN.

Regardez vos domestiques comme des amis malheureux.
MABLY.

Voulez-vous avoir un serviteur fidèle et que vous aimiez? Servez vous vous-mêmes.
FRANKLIN.

Aux qualités qu'on exige des domestiques, combien de maîtres ne pourraient être valets!
BEAUMARCHAIS.

LIX

DOUCEUR

(Voir *Affabilité*.)

La douceur est un composé de bonté, d'indulgence et surtout de patience. Elle n'exclut ni la fermeté, ni la bravoure. On voit des hommes à l'âme de feu, à la tête de fer redevenir doux quand il ne s'agit plus de ce qui les passionne. La douceur est dans la pratique ordinaire de la vie le plus puissant moyen de la persuasion. Elle vient à bout de faire écouter la voix de la raison à la colère même. Elle double l'autorité de celui qui commande, elle ajoute un prix inestimable à l'empressement de celui qui obéit. Sorte d'hommage rendu à la valeur morale de celui en vue de qui elle s'exerce, elle satisfait l'amour-propre sans cesser d'être parfaitement honorable.
J. LA BEAUME.

Plus fait douceur que violence.
LA FONTAINE.

On prend plus de mouches avec du miel qu'avec du vinaigre.
Proverbe.

Il n'est rien de plus utile à l'homme que la douceur et la complaisance.
TÉRENCE.

La douceur est la clef des cœurs.
BOSSUET.

La douceur attire les affections.
HELVETIUS.

Petit homme abat grand chêne et douce parole grande colère.
Proverbe.

La douceur, c'est la plénitude de la force.
GRATRY.

Il n'y a que les personnes qui ont de la fermeté qui puissent avoir une véritable douceur.
LA ROCHEFOUCAULD.

LX

DROITURE

La droiture n'est pas une affaire de jugement, mais de conscience. On peut ne pas marcher dans la direction de son but tout en suivant une ligne droite ; on se trompe, mais du moins on ne trompe pas les autres, et la droiture n'est que cela. L'homme droit ne peut vouloir faire du mal puisqu'il n'obéit qu'à sa conscience, mais quand il n'a pas parfaitement interprété les inspirations de cette conscience et qu'on l'en fait apercevoir, il revient avec empressement et non-seulement on lui pardonne volontiers, mais on l'en estime davantage.

Jules LA BEAUME.

RÉCIT

« ..... Je rencontrai le comte Capo-d'Istria récemment élevé à la présidence du gouvernement grec. Nous causâmes de la Révolution de brumaire. Le célèbre diplomate fit un grand éloge de mon père, mais avec cette restriction : « Il n'avait pas assez la connaissance des hommes, il les regardait comme trop honnêtes, témoin sa conduite au Directoire ». Tout jeune que j'étais, je me permis, je crois, de lui répondre : « Votre reproche serait-il fondé, que je le prendrais volontiers pour un éloge. Quelle voix oserait dire tout haut que le rôle de l'homme trompé est préférable à celui de l'autre ? »

CARNOT fils.

La moralité vaut mieux que les talents.

HERDER

Il faut toujours parler comme si on devait être entendu, écrire comme si on devait être lu et penser comme si on devait être médité.

V. HUGO.

La droiture morale est la meilleure sauvegarde de la rectitude intellectuelle.

Paul STAPFER.

La droiture est une habitude des sentiers de la vertu.

VAUVENARGUES.

En affaires, il faut être droit et non adroit.

Quelque grand que soit le but, celui qui, pour l'atteindre, emploie des moyens misérables, est toujours misérable.
LACORDAIRE.

Un cœur parfaitement droit, n'admet pas plus d'accommodements en morale, qu'une oreille juste n'en admet en musique.
DE LÉVIS.

Rien n'est une excuse pour agir contre ses principes.
Mme DE STAËL.

Mettez toujours au premier rang la droiture du cœur et la fidélité.
CONFUCIUS.

LXI

ÉCOLE

Le peuple qui a les meilleures écoles est le premier peuple; s'il ne l'est pas aujourd'hui, il le sera demain.
Jules SIMON.

L'étude est un sûr préservatif contre l'ennui.
SÉNÈQUE.

Ce n'est pas assez de roidir l'esprit, il faut encore roidir les muscles.
MONTAIGNE.

L'école est une petite patrie dans la grande, une patrie moins large assurément, mais plus intime.
Ed. ABOUT.

Les jeunes gens doivent toujours conserver un grand

respect pour leurs maîtres, aux soins desquels ils sont redevables de s'être corrigés de leurs défauts et d'avoir pris des sentiments de probité et de vertu.

SÉNÈQUE.

LXII

ÉCONOMIE

Prenez de bonne heure des habitudes d'économie, ne gaspillez pas l'argent que vos parents ont tant de peine à gagner. C'est avec des économies légères, souvent répétées, que l'on se prépare un avenir assuré et indépendant.

« Payez argent comptant, dit Chesterfield, ou au plus tard tous les mois, par vos mains ou au plus tard par celles d'un domestique. N'achetez rien d'inutile à cause du bon marché. Tenez comptes des recettes et des dépenses de quelque importance. Donnez une attention convenable aux objets qui la méritent, méprisez les minuties. Un esprit élevé voit les choses dans leurs véritables proportions, un esprit faible à travers un microscope : des avares se sont ruinés en s'occupant de bagatelles et en ne faisant pas attention à des choses essentielles. »

Un peu souvent répété, fait beaucoup (1).

FRANKLIN.

---

(1) Var. d'Hésiode.
Un peu mis avec un peu, si la chose se répète, fera bientôt beaucoup.

Ce qui coûte peu est cher dès que ce n'est pas une chose utile.
FRANKLIN.

Le plus riche des hommes, c'est l'économe ; le plus pauvre, c'est l'avare.
CHAMFORT.

Tout ce qu'on peut remettre utilement, peut être abandonné plus utilement encore.
A. DUMAS fils.

L'économie est la source de l'indépendance et de la libéralité.
...

Ne faites de dépenses que pour le bien des autres ou le vôtre, c'est-à-dire, ne dissipez rien.
FRANKLIN.

J'ai vu quantité de gens ruinés pour avoir fait de prétendus bons marchés. C'est une folie d'employer son argent à acheter un repentir.
FRANKLIN.

Ne mettez pas au feu le fagot entier.
...

Qui ajoute à ce qu'il possède est sûr d'éviter la faim.
HÉSIODE.

Celui qui brûle son huile le jour n'aura pas de lampe pour la nuit.
SAADI.

Qui achète ce qu'il ne peut, vend après ce qu'il ne veut.
Proverbe.

Si vous voulez être riche, n'apprenez pas seulement comment on gagne, apprenez aussi comment on ménage.
FRANKLIN.

Les petits ruisseaux font les grandes rivières.

Proverbe.

L'économie est vertu dans la pauvreté et sagesse dans l'aisance. Dans la richesse, elle doit être remplacée par l'ordre et la générosité.

Prenez garde aux petites dépenses : une petite voie d'eau submergera un grand navire.

Franklin.

Celui qui achète le superflu sera bientôt obligé de vendre le nécessaire.

Franklin.

LXIII

ÉCOUTER

(V. *Parler*)

Tu as deux oreilles et une bouche : tu dois beaucoup entendre et parler peu.

Rückert.

Parler, c'est semer; écouter, c'est recueillir (1).

Confucius.

Écoutez beaucoup et parlez peu; en parlant, vous direz ce que vous savez; en écoutant, vous apprendrez ce que les autres savent.

Diderot.

---

(1) Variante.
Qui parle sème, qui écoute moissonne.

Proverbe.

C'est avoir beaucoup appris que de savoir écouter.
La Beaume.

Il ne faut pas toujours conter, mais écouter.
Boufflers.

Aime à écouter, mais non pas des bavardages.
Cléobule.

LXIV

EFFORT

(V. *Activité*.)

Les dispositions qu'on tient de la nature,
A défaut de travail, sont parfois sans produit ;
Un sol moins bon, aidé par la culture,
Donne souvent de meilleurs fruits.

Rien de ce qui est bien ne se fait aisément.

L'homme ne vaut qu'en raison de la peine qu'il se donne. Quiconque ne fait rien, ne vaut rien.
Ch. Wagner.

Ce n'est pas le succès qui importe, c'est l'effort.
Jouffroy.

En aucune chose peut-être, il n'est donné à l'homme d'arriver au but ; sa gloire est d'y marcher.
Guizot.

Tout homme peut sauter un petit fossé.
Proverbe arabe.

On ne possède bien que ce qu'on a trouvé soi-même.
Bacon.

LXV

ÉGOISME

Un égoïste ne connaît d'autre loi que celle de son bien-être matériel ; il commence par être ridicule et finit par être méprisable. C'est folie que de lui supposer des sentiments généreux ; tout est calcul de sa part et calcul uniquement personnel. Il ne commettra peut-être aucune mauvaise action ; mais si vous tombez dans l'eau, il ne se remuera pas pour vous tendre une perche de crainte que ce surcroît d'exercice ne l'échauffe.

J. La Beaume.

(Lire le colimaçon d'Arnaud)

C'est n'être bon à rien que n'être bon qu'à soi-même.
La vie n'est pas si aride que l'égoïsme nous l'a faite ; tout n'y est pas prudence, tout n'y est pas calcul.

Mme de Stael.

Partout où a pénétré l'égoïsme, la vie morale est atteinte ; l'homme se replie sur lui-même et le cœur se dessèche.

Corne.

Nous sentons vivement et nous pensons avec exactitude ce que nous avons à souffrir de la part des autres, mais nous ne considérons pas ce qu'ils ont à souffrir de nous.

Imitation de J.-C.

Tout ce qui occupe les autres égaie ; tout ce qui n'occupe que soi attriste.

Joubert.

La feuille qui se replie sur elle-même se dessèche promptement.
Bible.

N'aimer que soi et ne rien penser par soi-même est au collège la pire des cuistreries.
Fr. Sarcey.

Tel parle d'un autre et en fait un portrait affreux qui ne voit qu'il se peint lui-même.
La Bruyère.

Un cœur égoïste ne peut échapper au tourment de l'ennui.
Goethe.

Qui voyez-vous mécontent, sombre, ennuyé, sinon celui qui ne pense qu'à soi ?
Vinet.

On se voit d'un autre œil qu'on ne voit son prochain.
La Fontaine.

Le moi est haïssable.
Pascal.

Ah ! celui-là vit mal qui ne vit que pour soi !
Alfred de Musset.

LXVI

ÉNERGIE

(V. Courage)

Il ne suffit pas d'être intelligent, instruit, de comprendre, il faut encore être courageux dans l'action. Ce qui fait l'homme, c'est la force de la volonté qui se manifeste par des actes. D'ailleurs, a dit le poète : « La foi qui n'agit pas est-ce une foi sincère? »

RÉCIT

La nuit est noire sur l'océan. Plus d'étoile et la boussole est affolée. La tempête rugit, la mer est démontée. C'est le chaos formidable, le choc monstrueux des éléments. Parfois jaillit un éclair qui dévoile pour un instant toute cette sauvage majesté. Quoi de plus grand?

Quoi de plus grand?

Je vais vous le dire : Au sein des ténèbres, suspendu sur ces abîmes, un pilote intrépide tient le gouvernail. Cet homme est plus grand que l'océan et la tempête.

WAGNER.

Quand on a la lanterne de Diogène, il faut en avoir le bâton.

...

La sagesse sans énergie n'est qu'un fourreau sans épée.

...

Il faut dans la vie s'appliquer à être quelqu'un et non pas seulement à devenir quelque chose.

...

Le monde appartient à l'énergie.

DE TOCQUEVILLE.

Si l'homme appliquait au bien la moitié seulement de l'énergie qu'il déploie pour le mal où n'atteindrait-il pas?

J. SANDEAU.

Il est glorieux d'être distingué et de faire dire de soi : Voilà un homme.

JUVÉNAL.

Des actes et non des paroles.

...

Il n'y a qu'une forteresse imprenable, c'est un cœur vaillant.

Ch. WAGNER.

LXVII

ENNUI

L'ennui est une lassitude morale produite par le désœuvrement : le remède en est donc le travail. Les gens occupés ne s'ennuient jamais ; les paresseux seuls sont dégoûtés de tout.

L'ennui est entré dans le monde par la paresse.
La Bruyère.

L'ennui donne au caractère je ne sais quoi de désolé, d'aride, d'égoïste.
E. Scherer.

Dans les âmes saines, bien remplies et bien occupées, l'ennui est un accident qu'un rien suffit à guérir : un sourire, une parole, un rayon de soleil.
P. Janet.

L'ennui vient du sentiment de notre vide.
Vauvenargues.

On s'ennuie presque toujours avec les gens avec lesquels il n'est pas permis de s'ennuyer.
La Rochefoucauld.

La plaie causée par l'ennui est une plaie empoisonnée.
E. Legouvé.

L'ennui naquit un jour de l'uniformité.
Voltaire.

Celui qui dit : Je m'ennuie, ne s'aperçoit qu'il dit : Je suis pour moi-même une sotte et ennuyeuse compagnie.
Stendhal.

Les ennuyés sont tous excessivement ennuyeux.

DOUDAN.

Les âmes justes trouvent dans l'ordre le remède de l'ennui.

MASSILLON.

Le remède contre l'ennui, c'est le travail et non le plaisir.

TRUBLET.

LXVIII

ENVIE

L'envie rend joyeux de ce qui contrarie les autres, mécontent de ce qui leur plaît. C'est un sentiment bas, lâche, haineux qui germe le plus souvent chez les hommes médiocres. On jalouse d'autant plus le bonheur des autres qu'on en est moins digne. Les envieux désirent moins posséder ce qu'ils voient chez les autres que de le voir prendre aux autres. Ce sont des gens malheureux, dont le vice porte en soi son châtiment. « L'envie et la jalousie ne sont pas des vices, a dit Bentham, ce sont des peines. »

Envier quelqu'un, c'est s'avouer son inférieur.

...

Ceux qui sauront relever leur état n'envieront jamais celui des autres.

PLUTARQUE.

On ne jette la pierre qu'aux arbres à fruits.

L'envie est une passion timide et honteuse que l'on n'ose jamais avouer.

La Rochefoucauld.

Envie passe avarice.

Proverbe.

La jalousie est aussi éloignée de l'émulation, que le vice l'est de la vertu.

La Bruyère.

La plus véritable marque d'être né avec de grandes qualités, c'est d'être né sans envie.

La Bruyère.

LXIX

ESPÉRANCE

Nous désirons tous ce que nous croyons devoir faire notre bonheur, et c'est l'espérance qui nous fait croire à la possibilité de cette réalisation. Illusion souvent, mais illusion qui soutient notre courage et nous fait vivre. Si nous ne devons jamais désespérer du présent et avoir foi dans un avenir meilleur, nous ne devons pas nous reposer sur ce rêve, mais agir pour que cela cesse d'être un rêve. Écoutons ce que dit Franklin : « Que signifient les désirs et les espérances de temps plus heureux ? Nous rendrons le temps meilleur si nous savons agir, le travail n'a pas besoin de souhaits. Celui qui vit d'espérance court risque de mourir de faim. Il n'est pas de profit sans peine. »

Il ne faut pas jeter le manche après la cognée.

Proverbe.

L'espérance est le sentiment d'un bien prochain.

VAUVENARGUES.

Fort qui abat, et plus fort qui se relève.

L'espoir est comme le ciel des nuits : il n'est point de coin si sombre où l'œil qui s'obstine ne finisse par découvrir une étoile.

Octave FEUILLET.

L'espérance est le million du pauvre, c'est un emprunt fait au bonheur.

RIVAROL.

Nous ne sommes tout à fait morts moralement que quand nous n'espérons plus ; tant que la radieuse espérance nous berce entre ses bras blancs et veloutés, nous sommes des enfants au berceau qui ne demandent qu'à vivre.

Claudia BACHI.

Jamais le sentiment de nos faiblesses ne doit nous jeter dans le découragement.

VAUVENARGUES.

L'espérance anime le sage et leurre le présomptueux et l'indolent qui se reposent inconsidérément sur ses promesses.

VAUVENARGUES.

Qui vivra d'espoir mourra de faim.

FRANKLIN.

LXX

ESPRIT

L'aptitude plus ou moins grande de l'intelligence à comparer les idées, à saisir les rapports des ressemblances ou des différences avec plus ou moins de facilité constitue ce qu'on nomme l'esprit. Celui qui joint la facilité d'expression à cette promptitude de combiner des rapports est un homme de beaucoup d'esprit ; s'il parle avec gaîté et d'une manière qui plaise, son esprit est agréable.

L'esprit envahit tout ; on ne peut ouvrir un livre nouveau sans trouver une phrase spirituelle. Ce qui manque trop souvent, c'est le bon sens et le savoir. S'attacher à ces deux points négligés par la multitude est peut-être la méthode la plus sûre pour se placer parmi les écrivains originaux. Étudier sans cesse, ne jamais croire qu'on en sait assez, qu'on peut se croiser les bras et attendre sans inquiétude les questions qui se présenteront, c'est déroger aux habitudes consacrées; mais ce n'est pas une maladresse.

Les hommes d'esprit qui se comptent par centaines, dont la parole n'hésite jamais, ne vivent pas longtemps dans la mémoire de leurs contemporains. Ils amusent, ils ne persuadent pas et ce qu'ils ont dit ne laisse aucune trace.

Gustave PLANCHE.

L'esprit qu'on veut avoir gâte celui qu'on a.

GRESSET.

Quand on court après l'esprit, on attrape la sottise.

MONTESQUIEU.

Les petits esprits sont blessés des plus petites choses.

LA ROCHEFOUCAULD.

La première condition pour qui veut se connaître et connaître le monde, c'est de garder son esprit libre.

BAUDRILLARD.

La présence d'esprit est une aptitude à profiter des occasions pour parler ou pour agir.

Vauvenargues.

L'esprit peut être, suivant qu'on l'emploie bien ou mal, une qualité ou un défaut.

Stahl.

L'esprit empêche rarement de faire des sottises, mais il sert souvent à les réparer et parfois même à en tirer parti.

E. Augier.

Placer l'esprit avant le bon sens, c'est placer le superflu avant le nécessaire.

...

L'esprit sans jugement est un flambeau dans la main d'un fou.

Proverbe arabe.

L'esprit ne fait que des sottises quand il n'est pas accompagné de jugement.

Kant.

La perfection d'une pendule n'est pas d'aller vite, mais d'être réglée : ce n'est point un grand avantage d'avoir l'esprit vif, si on ne l'a juste.

Vauvenargues.

Beaucoup de gens n'apprennent jamais rien parce qu'ils comprennent tout trop vite.

...

Chacun dit du bien de son cœur et personne n'ose en dire de son esprit.

La Rochefoucauld.

Il vaut mieux employer notre esprit à supporter les infortunes qui nous arrivent qu'à prévoir celles qui peuvent arriver.

La Rochefoucauld.

L'esprit a beau faire plus de chemin que le cœur, il ne va jamais aussi loin.
Proverbe.

Les grands esprits font entendre en peu de mots beaucoup de choses; les petits esprits, au contraire, ont le don de beaucoup parler et de ne rien dire.
La Rochefoucauld.

Il ne faut avoir de l'esprit que par mégarde et sans y songer.
Fénelon.

L'esprit ne tient pas lieu de savoir.
Vauvenargues.

Ceux qui nuisent à la réputation ou à la fortune des autres plutôt que de perdre un bon mot, méritent une peine infamante.
La Bruyère.

La chose du monde la plus ridicule et la plus inutile, c'est de vouloir prouver qu'on est aimable et qu'on a de l'esprit.
Vauvenargues.

Moins on a d'esprit, plus on a de vanité. Si vous étiez grand, vous ne monteriez pas sur des échasses.
de Lévis.

De l'esprit pour parler, qui n'en a ? c'est vulgaire.
Mais ce qu'il faut chercher, c'est l'esprit pour se taire.
A. Karr.

Il y a beaucoup d'esprit à n'en pas montrer quelquefois et surtout à ne pas voir que les autres en manquent.
Mme de Puisieux.

Les gens d'esprit bien élevés en face de la sottise font contre mauvaise fortune bon cœur.
Jules Troubat.

Le rire est le son de l'esprit ; de certains rires sonnent bête comme certaines pièces sonnent faux.

Ed. et J. de Goncourt.

LXXI

ESTIME

(Estime de soi. Estime des autres.)

Estimer quelqu'un, c'est avoir reconnu en lui assez de qualités morales pour le distinguer de la foule. Toutes les qualités morales ne produisent pas des résultats immédiatement agréables pour celui qui les observe ; on peut donc estimer et ne pas aimer : mais il est impossible d'aimer véritablement et de ne pas estimer. Là est la cause secrète de beaucoup de prétendues inconstances. On se trompe souvent à vouloir commander l'admiration de ses concitoyens : la sagesse et par conséquent le bonheur sont dans le soin facile à prendre pour se concilier leur estime.

J. La Beaume.

Nul ne peut être heureux s'il ne jouit pas de sa propre estime.

J.-J. Rousseau.

L'estime vaut mieux que la célébrité ; la considération vaut mieux que la renommée, et l'honneur vaut mieux que la gloire.

E. Loubens.

Estime-toi si tu veux être estimé.

Balthazar Gracian.

N'ayez pas une haute opinion de vous-même, mais ne vous méprisez pas non plus.
Gustave PLANCHE.

Il faut que l'homme s'estime son prix, qu'il s'aime, car il a en lui une nature capable de bien, mais qu'il n'aime pas pour cela les bassesses qui y sont.
PASCAL.

L'estime des gens de bien est un avant-goût de l'immortalité.

L'estime et le respect ne sont pas la même chose; on respecte les situations, on n'estime que les caractères.
A. DUMAS fils.

L'amitié ne peut subsister sans l'estime.
Mlle DE SOMERY.

On est rarement maître de se faire aimer; on l'est toujours de se faire estimer.
FONTENELLE.

Il n'est pas ordinaire que celui qui fait rire se fasse estimer.
LA BRUYÈRE.

LXXII

ÉTUDE

(Voir *Savoir*.)

On ne doit rester étranger à rien de ce que l'on peut apprendre.
F. V. RASPAIL.

L'étude est le souverain remède contre les dégoûts de

la vie; il n'est guère de chagrin qu'une heure de lecture ne puisse dissiper.

MONTESQUIEU.

L'étude chasse l'ennui, distrait le chagrin, étourdit la douleur, elle anime et peuple la solitude.

SÉGUR.

L'étude distrait des peines, adoucit la souffrance, diminue les besoins, console des pertes.

LÉVIS.

L'étude adoucit les mœurs et efface tout ce qu'il y a en nous de grossier et de barbare.

OVIDE.

De l'étude bientôt le charme nous séduit.
Amère en sa racine, elle est douce en son fruit.

DUCIS.

Toujours écouter, toujours penser, toujours apprendre, c'est par là que nous vivons. Qui n'aspire plus à rien, qui n'apprend rien, n'est pas digne de vivre.

FEUCHTERLEBEN.

Étudiez non pour savoir plus, non pour savoir mieux, mais pour savoir bien.

Mme NECKER DE SAUSSURE.

Les sciences sont des serrures dont l'étude est la clef.

ABOU-TAIB.

L'esprit se nourrit et se fortifie par les sublimes vérités que l'étude lui fournit.

ROLLIN.

On rougit de ne pas savoir :
On ne rougit jamais d'apprendre.

F. DE NEUFCHATEAU.

Apprends en pleurant, tu gagneras en riant.

Proverbe espagnol.

Pendant l'étude, pensez sérieusement à ce que vous faites ; pendant la récréation, divertissez-vous avec vivacité.

Chesterfield.

LXXIII

EXACTITUDE

(Inexactitude)

L'exactitude est un de nos devoirs envers nos semblables; elle consiste à remplir toutes les obligations que nous avons contractées; à faire ce que nous avons pris l'engagement d'accomplir dans le temps et dans le lieu convenus. En manquant d'exactitude, on nuit au prochain, on lui fait perdre son temps, on lui cause de l'ennui et de l'impatience.

Ch. Bonne.

L'inexactitude vient tantôt de la paresse, de la distraction, de la lenteur des mouvements, de la maladresse des doigts. C'est un petit défaut qui en engendre de plus grands, ne serait-ce que le mensonge à titre d'excuse. L'homme inexact rend malheureux ceux qui vivent avec lui. Si le monde est partagé en deux classes, ceux qui attendent et ceux qui se font attendre, soyons toujours des premiers, car il vaut mieux souffrir que de faire souffrir les autres, et il vaut mieux être dans le cas de donner des reproches que d'en recevoir.

D'après Legouvé.

RÉCIT

Un jeune homme devait venir prendre, à un endroit et à une heure convenus, ses parents et sa jeune sœur. Habituellement inexact, il arrive encore en retard malgré les recommandations. Un orage éclate; sa sœur est mouillée et prend une fluxion de poitrine. L'inexactitude a failli causer un meurtre.

D'après LEGOUVÉ.

On compte les défauts de celui qui se fait attendre (1).

...

La rue qui s'appelle *demain* conduit à la place *jamais*.

Proverbe espagnol (2).

Les bonnes actions ne doivent jamais être différées, le simple retard est souvent une imprudence et parfois un danger.

CERVANTÈS.

Rien ne vous crée plus d'ennemis que l'inexactitude, car elle est une des formes de l'impolitesse et une preuve de l'oubli des autres.

LEGOUVÉ.

Ne remets point au lendemain, au surlendemain. Qui craint la peine, qui la diffère, ne remplit point son grenier. C'est l'activité qui fait aller l'ouvrage, et le lâche est toujours en lutte avec la misère.

HÉSIODE.

Ne gardez jamais l'argent que vous avez emprunté une heure au-delà du moment où vous avez promis de le ren-

---

(1) Variante de Boileau :
Je suis exact aux rendez-vous, car j'ai remarqué que ceux qui attendent ne songent qu'aux défauts de ceux qui se font attendre.

(2) Variante : Proverbe espagnol.
Celui qui prend par la rue de plus tard arrive à la place de jamais.

dre, de peur qu'une inexactitude ne vous ferme pour toujours la bourse de votre ami.

Franklin.

Le bon payeur est le maître de la bourse des autres.

Proverbe.

Partie remise, partie manquée.
Mieux vaut règle que rente.

Proverbe.

Rien ne sert de courir, il faut partir à point.

La Fontaine.

Mieux vaut ne pas promettre que de ne pas tenir, et c'est ne pas tenir que de faire plus tard qu'on ne l'avait promis.

La Beaume.

Mieux vaut tard que jamais.

Proverbe.

A bon payeur, on fait bonne mesure.

Proverbe.

Il n'est plus temps de fermer les étables quand les chevaux sont partis.

Proverbe.

LXXIV

EXCÈS

Poussée à l'excès, toute qualité devient un défaut; la générosité se change en prodigalité, l'économie en avarice, la sévérité en dureté, la bonté en faiblesse, la politesse en obséquiosité, etc. « L'homme excessivement civil est incommode, l'homme excessivement précautionné devient timide, l'homme excessivement courageux devient turbulent, l'homme excessivement droit devient inconsidéré. »

J. B. Mabire.

L'excès en tout est un défaut,

Proverbe.

Rien de trop.

La Fontaine.

A trop tirer, la corde casse.

Proverbe.

L'exagération est le mensonge des honnêtes gens.

X. de Maistre.

De l'exercice, de la gaité, surtout point d'excès, et vous n'aurez plus besoin de moi, disait un sage médecin à son malade.

Barrau.

A tout excès correspond une peine. C'est comme lorsque dans une année on dépense une partie de son revenu de l'année suivante.

LXXV

EXEMPLE

Rien n'est si contagieux que l'exemple et nous ne faisons jamais de grands biens ni de grands maux qui n'en produisent de semblables. Nous imitons les bonnes actions par émulation et les mauvaises par la malignité de notre nature que la honte retenait prisonnière et que l'exemple met en liberté.

La Rochefoucauld.

Nous ne faisons jamais de grands biens, ni de grands maux qui n'en produisent de semblables.

La Rochefoucauld.

Sans y penser, on redresse les autres en marchant droit.

Mme Swetchine.

L'exemple est le plus éloquent de tous les sermons.

Stobée.

L'exemple touche plus que ne fait la menace.

Corneille.

Rien ne pénètre si doucement et si profondément dans l'âme que l'influence de l'exemple.

Locke.

L'éducation ne peut rien sans l'exemple.

P. Janet.

Souvenez vous que la leçon des exemples vaut mieux que celle des préceptes.

Racine.

Pour obtenir des hommes le simple devoir, il faut leur montrer l'exemple de ceux qui le dépassent : la morale se maintient par les héros.

Renan.

Le bon exemple est un air meilleur qui rend plus sain et plus fort.

Lebrun.

Soyez ce que vous voulez faire devenir autrui. Que votre être, non vos paroles, soit une prédication.

Amiel.

Un bon livre, un bon discours peuvent faire du bien, mais un bon exemple parle bien plus éloquemment au cœur.

Pensée chinoise.

LXXVI

EXPÉRIENCE

L'expérience est un trésor difficile à rassembler, mais auquel il faut travailler sans relâche. Une infinité de gens croient que parce qu'ils ont vécu longtemps, ont parcouru de nombreux pays, ont été en contact avec des multitudes de personnages ou ont figuré comme acteurs dans maints événements, ils ont nécessairement une grande expérience. Il n'en est rien. L'homme qui a beaucoup d'expérience est l'homme qui réfléchit beaucoup sur les faits dont il est témoin. A ce compte, un fils peut très bien avoir plus d'expérience que son père.

La Beaume.

Expérience passe science.

Proverbe.

Les enfants et les fous s'imaginent que vingt ans et vingt francs ne peuvent jamais finir.

Franklin.

L'expérience est un trophée composé de toutes les armes qui nous ont blessés.

...

L'expérience tient une école où les leçons coûtent cher.

Franklin.

L'homme est un apprenti, la douleur est son maître, et nul ne se connaît tant qu'il n'a pas souffert.

Alfred de Musset.

Averti, garanti.

Franklin.

Chat échaudé craint l'eau froide.

Proverbe.

A quelque chose malheur est bon.

Proverbe.

LXXVII

FAMILLE

(V. *parents*).

Quand on vit ensemble, quand on s'aime les uns les autres, quand chacun aime les autres plus que soi, quand il est heureux de ce qui leur arrive de bien, malheureux de ce qui leur arrive de mal, quand il est prêt à les soigner s'ils ont besoin de lui, à les défendre si on les attaque, quand il aime mieux souffrir que de les voir souffrir et qu'on n'est tous ensemble qu'un seul cœur, cela, c'est la famille.

BERSOT.

L'asile le plus sûr est le sein d'une mère.

FLORIAN.

La piété filiale est la plus suave de toutes les vertus.

BEAUCHÊNE.

Celui qui aime sa famille est sûr de devenir un honnête homme.

MOY.

Enfants apprenez quels sont vos devoirs envers vos parents, car vous ne serez heureux et bénis qu'en y restant fidèles.

LAMENNAIS.

La gloire d'un fils, ce doit être le nom de son père.

MOY.

Le fils qui rougit de l'humilité de ses parents se déshonore lui-même.

DE JUSSIEU.

A qui venge son père, il n'est rien d'impossible.

CORNEILLE.

Un frère est un ami donné par la nature.

LEGOUVÉ.

LXXVIII

FANTAISIE

(*V. dépense, économie.*)

Avant de consulter votre fantaisie, consultez votre bourse.

Il est plus facile de réprimer sa première fantaisie que de satisfaire celles qui viennent ensuite.

LOUBENS.

Le désordre et les fantaisies font plus de pauvres que les vrais besoins.

J.-J. ROUSSEAU.

Une fantaisie satisfaite ne donne jamais autant de plaisir qu'une bonne œuvre.

Mme NECKER DE SAUSSURE.

LXXIX

FAUTE

Il faut rougir de faire une faute et non de la réparer.
J.-J. ROUSSEAU.

Voiler une faute sous un mensonge, c'est remplacer une tache par un trou.
PETIT-SENN.

Il n'y a pour l'homme qu'un vrai malheur qui est de se trouver en faute et d'avoir quelque chose à se reprocher.
LA BRUYÈRE.

Faute avouée est à moitié pardonnée.
FRANKLIN.

L'aveu d'une faute n'est pas une faiblesse, mais une force.
Eugène PELLETAN.

Nous n'oublions nos fautes que lorsqu'elles ne sont sues que de nous.
LA ROCHEFOUCAULD.

Si, d'une façon ou d'autre, toutes les fautes s'expient, bien peu se réparent.
G. M. VALTOUR.

La plus grande faute de toutes, c'est de se priver de l'expérience.
VAUVENARGUES.

LXXX

FLATTERIE

Flatter est une duperie. A celui qu'on flatte, on n'apprend rien de nouveau sur son mérite. Pour peu qu'il soit homme d'esprit, il soupçonne un but intéressé et se tient en garde contre une sollicitation que, dès lors, il trouve toujours maladroitement amenée. On réussit bien mieux en étant digne et vrai en toute occasion.

La Beaume.

Récit

Un prédicateur prêchant à Fontainebleau, devant Louis XIV, commença ainsi : « Mes frères, nous mourrons tous »! Puis, s'arrêtant tout à coup et se tournant vers le roi : « Oui, sire, ou du moins presque tous ! !

Bouche de miel, mains de fiel.

Proverbe espagnol.

La flatterie est une fausse monnaie qui n'a de cours que par notre vanité.

...

L'homme qui flatte est un oiseleur qui tend ses filets.

Salomon.

On prend plus de mouches avec du miel qu'avec du vinaigre.

Proverbe.

Apprenez que tout flatteur
Vit aux dépens de celui qui l'écoute.

La Fontaine.

Le flatteur n'a pas assez bonne opinion de soi ni des autres.
La Bruyère.

Tout flatteur, quel qu'il soit, est toujours un animal traître et odieux.
Bossuet.

Il vaut mieux avoir affaire aux corbeaux qu'aux flatteurs : ceux-là dévorent les morts, ceux-ci les vivants.
Antisthène.

Le meilleur moyen d'être trompé, c'est de se croire plus fin que les autres.

Il n'y a point de véritable amitié où se trouve la flatterie qui est toujours trompeuse.

LXXXI

FORTUNE

(Voir *biens, bonheur, malheur, richesse, infortune*, etc.)

Plus on est riche, plus on a de surveillance à exercer sur tous ceux qui, ayant le maniement d'une partie de cette fortune, seraient tentés de malverser. Un rang élevé crée une foule de devoirs, de contraintes, de soucis, de dangers, que ne connaissent pas ceux dont la position modeste est en même temps indépendante et sûre.
L. Martel.

Lire la fable de la Fontaine : « *Le savetier et le financier* ».

Grande fortune, grande servitude.
Proverbe.

Sois modéré dans la bonne fortune et prudent dans la mauvaise.

J'aime les biens parce qu'ils donnent le moyen d'assister les misérables.
Pascal.

Qui s'élève trop vite est plus prompt à déchoir.
Viennet.

La fortune peut se jouer de la sagesse des gens vertueux, mais il ne lui appartient pas de faire fléchir leur courage.
Vauvenargues.

La fortune ne mérite pas d'être achetée au prix d'une méchante action.
Christine de Suède.

Chacun est artisan de sa fortune
Proverbe.

LXXXII

FRANCHISE

(Voir mensonge, véracité)

L'homme brave n'est pas celui qui dit tout ce qu'il pense, mais qui ne dit jamais autrement qu'il ne pense. Il ne faut pas marchander avec la franchise : elle n'admet point de moyen terme, point de tergiversation : elle est ou bien elle n'est pas.
La Beaume.

RÉCIT

Un jour passant à Potsdam devant la porte d'un boulanger, Frédéric II le vit se disputer avec un paysan ; aussitôt il s'approche pour savoir de quoi il s'agit. On lui dit que le boulanger veut payer avec des pfennigs le blé qu'il a acheté du paysan, et que celui-ci refuse de recevoir cette monnaie, Frédéric s'avance et dit au paysan : « Pourquoi ne veux-tu pas prendre cet argent » ? le paysan regarde le roi et lui répond avec humeur : « Le prends-tu, toi » ? Le roi qui le faisait refuser dans ses caisses, sentit son tort et passa son chemin sans rien ajouter.

Quand on n'ose pas dire ce qu'on pense, on finit par ne plus penser ce qu'on dit.
Zénon.

Montre-toi tel que tu es ; tu n'encourras pas le danger d'oublier ton rôle.
Ruckert.

On ne devrait jamais rougir d'avouer ses torts, car c'est prouver qu'on est plus sage que la veille.
Pope.

Quand on n'ose pas dire ce qu'on pense, on finit par ne penser que ce qu'on ose dire.
Ancillon.

La franchise ne consiste pas à dire tout ce que l'on pense, mais à penser tout ce qu'on dit.
Liory.

Soyez francs, si vous voulez être forts.
Émile de Girardin.

Français et franc sont un même mot, ils doivent être une seule et même chose.
...

Pour celui qui n'a que de bonnes intentions, la meilleure des diplomaties est toujours la franchise.
Comtesse Diane.

LXXXIII

GAIETÉ

La science a besoin de savoir sourire quant elle veut se faire écouter, et la sagesse, qui n'est véritable que lorsqu'elle enseigne à s'accommoder des choses d'ici-bas, la sagesse, cette consolatrice de l'humanité, ne doit pas attrister ceux qu'elle a mission d'encourager. La douce, la franche, la bonne gaieté, c'est le calme du cœur; un méchant n'est jamais gai.

La Beaume.

L'air content sied toujours à l'homme de bien.

Joubert.

La gaieté nous rend confiants et hardis, donne un être et un intérêt aux choses les moins importantes, fait que nous nous plaisons par instinct en nous-mêmes, dans nos possessions, nos entours, notre esprit, notre suffisance, malgré d'assez grandes misères.

Vauvenargues.

La joie se trouve au fond de toutes choses; mais il appartient à chacun de l'en extraire.

E. Bersot.

Etre gai, en dépit des difficultés de sa situation, n'est-ce pas imiter le soleil qui luit sur les objets les moins enchanteurs, dans les lieux les plus tristes?

Robertson.

La joie, c'est la vie vue à travers un rayon.

Carmen Sylva.

La gaieté, c'est le soleil qui brille de temps en temps sur l'hiver de la pauvreté.

A. Dumas.

Il convient à la jeunesse d'être gaie ; c'est une partie de sa beauté et de sa force.

Malapert.

Sachons sourire ; sourire à la vie, sourire à nos devoirs, sourire même à nos pensées.

...

Celui qui se lève avec l'alouette chantera comme elle.

Proverbe.

Un sourire !... qui sait ce que peut un sourire !

Louisa Siéfert.

Apprenez à toutes les nations à rire en français : c'est la chose du monde la plus philosophique et la plus saine.

E. Renan.

LXXXIV

GÉNÉROSITÉ

Si vous êtes instruit, ne faites pas montre de votre savoir et ne vous moquez pas des ignorants ; si vous êtes riches, n'écrasez pas les misérables de votre luxe ; si vous êtes heureux, n'insultez pas au malheur des autres par une joie bruyante et inconvenante.

Usez en généreux de tous vos avantages.

Molière.

Par la force, on ne fait que vaincre ; c'est par la générosité qu'on parvient à soumettre.

De Ségur.

La générosité donne moins de conseils que de secours.
VAUVENARGUES.

La générosité souffre des maux d'autrui comme si elle en était responsable.
VAUVENARGUES.

Mieux vaut pécher par excès de générosité que par excès de prudence.
LA BEAUME.

LXXXV

GOUT

Le goût est le sentiment du vrai, du beau, du grand, du sublime, du décent, de l'honnête dans les mœurs, dans les ouvrages d'esprit, dans l'imitation ou l'emploi des productions de la nature. Il tient en partie à la perfection des organes et se forme par les exemples, la réflexion et les modèles. Voyons de belles choses, lisons de bons ouvrages; vivons avec les hommes, rendons-nous toujours compte de notre admiration, et le moment viendra où nous prononcerons aussi sûrement, aussi promptement de la beauté des objets que de leurs dimensions.
DIDEROT.

Le goût ne se forme que par la contemplation de l'excellent, non du passable.
GOETHE.

Le goût est une aptitude à bien juger des objets de sentiment.
VAUVENARGUES.

Il ne faut pas juger des ouvrages de goût par réflexion, mais par sentiment.
VAUVENARGUES.

L'homme qui n'a point d'observation, ni d'étude, manque de goût parce qu'il manque de points de comparaison entre le vulgaire et le beau.
BRILLAT-SAVARIN.

Le goût de l'extraordinaire est le caractère de la médiocrité.
DIDEROT.

Le bon goût est nécessaire à la moitié de la morale, car il règle les bienséances.
JOUBERT.

LXXXVI

GRACE

(Voir Amabilité.)

Il ne suffit pas d'être bon, il faut le paraître, il faut que la bonté soit aimable. C'est beaucoup d'avoir en soi tout plein de qualités, mais si ces qualités ne voient pas le jour, il en est d'elles comme du trésor de l'avare qui ne sert à rien... Avec ceux qu'on aime et qui vous aiment, dans l'exercice quotidien de la vie, il est indispensable d'être non seulement bon, mais aimable. Si les gonds de la porte qu'on ouvre toute la journée grincent, est-ce que vous ne trouverez pas nécessaire d'y mettre de l'huile? La bonne grâce, l'amabilité, c'est l'huile qui adoucit tous les ressorts de la vie.
STAHL.

Si vous voulez qu'on vous aime, rendez-vous aimable.

OVIDE.

Employez pour vous rendre agréable, tous les moyens que la nature et l'éducation vous ont donnés.

OVIDE.

Chercher à briller, c'est s'occuper de soi ; chercher à plaire, c'est s'occuper des autres.

BASIL HALL.

La bonne grâce est au corps, ce que le bon sens est à l'esprit.

LA ROCHEFOUCAULD.

Ne forçons point notre talent
Nous ne ferions rien avec grâce.

LA FONTAINE.

Donnez-vous trois demi-vertus, trois demi-beautés trois grâces ; l'accueil riant, les prévenances et le désir d'être agréable, qui n'est pas celui de briller.

Placez-les dans votre maintien, dans votre ton, dans vos manières, mais ce n'est pas encore assez ; dans votre esprit, dans votre cœur, dans vos regards, dans tous vos traits.

Entretenez-les avec soin, ne vous en dépouillez jamais, car c'est un atour nécessaire au négligé le plus hardi. Soyez-en donc toujours orné et tout vous sera pardonné.

JOUBERT.

LXXXVII

HABITUDE

(V. *Action, initiative.*)

Qu'il s'agisse d'un parti à prendre, les enfants considéreront ce qu'il y a de raisonnable, non ce qu'il y a d'inusité, ils ne seront nullement effrayés s'il est nécessaire de rompre les habitudes de leur situation et de se mettre en contraste avec celles de leurs entours, et ne se laisseront point ébranler par ce terrible argument : Cela ne se fait pas, car ils sauront que beaucoup d'honnêtes gens font tous les jours, et avec raison, ce qui ne se fait jamais.

Mme Guizot.

Quand nous avons pratiqué de bonnes actions, pendant quelque temps, elles deviennent aisées ; et quand elles deviennent aisées, nous commençons à y trouver du plaisir, et quand elles nous plaisent, nous les accomplissons fréquemment, et, par la fréquence de ces actes, la chose passe à l'état d'habitude, et une habitude établie est une sorte de seconde nature ; et plus une chose est naturelle, plus elle est nécessaire, et nous ne pouvons presque plus faire autrement ; que dis-je ? nous la faisons plusieurs fois même sans y penser.

Tillot.

Lecture : L'HABITUDE.

L'habitude est une étrangère
Qui supplante en nous la raison :
C'est une ancienne ménagère
Qui s'installe dans la maison.

Elle est discrète, humble, fidèle,
Familière avec tous les coins ;
On ne s'occupe jamais d'elle,
Car elle a d'invisibles soins :

Elle conduit les pieds de l'homme,
Sait le chemin qu'il eût choisi,
Connaît son but sans qu'il le nomme,
Et lui dit tout bas : « Par ici. »

Travaillant pour nous en silence,
D'un geste sûr, toujours pareil,
Elle a l'œil de la vigilance,
Les lèvres douces du sommeil.

Mais imprudent qui s'abandonne
A son joug une fois porté !
Cette vieille au pas monotone
Endort la jeune liberté ;

Et tous ceux que sa force obscure
A gagnés insensiblement
Sont des hommes par la figure,
Des choses par le mouvement.

Sully-Prudhomme.

La coutume est la raison des sots.

Frédéric II.

On triomphe des mauvaises habitudes plus aisément aujourd'hui que demain.

Confucius.

L'habitude est au moral ce que la vitesse acquise est au physique.

Marbeau.

L'habitude est d'abord comme un fil d'araignée : négligée, elle devient une ficelle, puis une corde, enfin un câble. Comment alors la briser ?

Moralistes anglais.

Celui qui n'évite pas les petites fautes, tombe peu à peu dans les plus grandes.

Imitation.

Il est plus aisé de prévenir les mauvaises habitudes que de les guérir.
FRANKLIN.

Une habitude se surmonte par une autre habitude.
Imitation.

L'habitude mise au service du bien est une des grandes forces de notre faiblesse.
VINET.

Plus un homme a d'habitudes, moins il a d'indépendance. L'accoutumance à porter le travail est accoutumance à porter la douleur.
MONTAIGNE.

LXXXVIII

HONNÊTETÉ

(Probité.)

Le bien mal acquis ne profite jamais : soit parce que les reproches de la conscience empêchent qu'on n'éprouve de la satisfaction à le posséder, soit parce que le possesseur sait n'être pas à l'abri des revendications et des châtiments, soit parce que, dans la succession des évènements humains, on voit souvent le malheur suivre la faute, par une sorte de rétribution morale.
L. MARTEL.

L'honnêteté est la plus grande de toutes les malices parce que c'est la seule que les méchants ne prévoient pas.
A. DUMAS fils.

Tu ne déroberas point.
Bible.

Autant pêche celui qui tient le sac que celui qui met dedans.
Proverbe.

Qui veut s'enrichir en un an risque de se faire pendre en six mois.
...

Point de gains illégitimes; gagner ainsi, c'est perdre.
Hésiode.

Les bons comptes font les bons amis.
Proverbe.

Il faut être honnête pour soi.
Marivaux.

L'honnête homme joue son rôle le mieux qu'il peut sans songer à la galerie.
Chamfort.

Il ne suffit pas de faire de grands pas pour arriver, il faut marcher droit.
...

Être grand à force d'être honnête n'est pas la moins bonne façon d'être grand.
Jules Simon.

De toutes les habiletés, la plus grande est d'être honnête.
Ctesse Diane.

Préfère une vie honnête, dans une fortune médiocre, à des richesses injustement acquises.
Théognis.

Je n'ai jamais eu qu'une idée chaque matin, en me faisant la barbe : j'ai voulu trouver dans mon miroir la face d'un honnête homme.
V. Duruy.

Cacher les défauts des autres et publier leurs vertus, c'est le caractère de l'homme honnête, c'est le moyen de se faire aimer.

Pensée chinoise.

L'homme qui dit qu'il n'existe pas d'honnêtes gens est, soyez-en sûrs, un fripon.

BERKELEY.

LXXXIX

HONNEUR

« L'honneur, dit Larousse, est l'estime de soi corroborée de l'estime des autres. Toute action qui grandit l'homme dans sa propre estime et dans celle de ses égaux est conforme à l'honneur, toute action qui le rabaisse est un cas de déchéance ». Concluons avec P. Janet :

« L'honneur est un principe moral très insuffisant et très incomplet. Mais comme il commande des actions hautes et éloigne des actions basses, il convient merveilleusement à la jeunesse à laquelle il ne faut pas tout demander, et il importe surtout de sauver l'essentiel. C'est d'ailleurs un principe supérieur au désir de la réputation et même de l'estime ; car l'honneur ne demande point à être approuvé ; il a cela de commun avec la vertu qu'il se contente de lui-même. Il est encore différent du principe de l'amour-propre. L'amour-propre consiste à s'aimer soi-même, grand ou petit, et à prendre plaisir à tous ses avantages ; l'honneur consiste à ne faire éclat que de ce qui est grand, non pas même des grands talents ou des grands avantages de la nature, mais seulement des grands sentiments et des belles actions. »

L'honneur est comme une pierre précieuse dont le moindre défaut diminue le prix.
BOSSUET.

On a perdu bien peu quand on garde l'honneur.
VOLTAIRE.

Le seul honneur solide
C'est de prendre toujours la vérité pour guide.
BOILEAU.

L'honneur est comme une île escarpée et sans bords :
On n'y peut plus rentrer dès qu'on en est dehors.
BOILEAU.

L'honneur ressemble à l'œil qui ne saurait souffrir la moindre impureté sans s'altérer.
BOSSUET.

Il faut laisser à ses enfants, non beaucoup d'or, mais beaucoup d'honneur.
PLATON.

Les richesses passent, les troupeaux périssent, les amis meurent, nous mourrons nous-mêmes ; une seule chose ne meurt pas, c'est le souvenir d'une vie honorable.
LE HAVAMAAL.

Le déshonneur est une blessure qui se cicatrise, mais ne disparaît pas.
Traduit de l'arabe.

La bassesse est la préférence de l'intérêt à l'honneur.

XC

HUMANITÉ

S'il t'arrive de te battre, mon enfant, tu te battras en conscience parce que c'est ton devoir. Mais une fois le combat fini, si ton ennemi est blessé, ne vois plus en lui qu'un frère malheureux.

Vous n'avez pas la même patrie, mais vous en avez chacun une, et il a fait son devoir envers la sienne, comme toi envers la tienne. Vous ne parlez pas la même langue, mais il a des sentiments pareils aux tiens. Il a un pays comme toi, une famille comme toi, et il les regrette. Aie pitié de lui, soigne-le, console-le. Tu mériteras peut-être que, si toi aussi, tu tombes un jour blessé, il vienne un ennemi qui te soigne et te console. Cela, c'est l'humanité.

Il y a près de vingt ans de cela, nous avons eu une querelle avec les Russes, et nous sommes allés chez eux en Crimée. Il y avait eu un combat ; le soir, des blessés se trouvèrent étendus côte à côte sur le champ de bataille. L'un était un Français, l'autre était un Russe. Ils souffraient cruellement ; ils essayèrent de se parler, mais, s'ils ne se comprirent pas beaucoup, ils se témoignèrent du moins de l'amitié qui adoucit tous leurs maux.

La nuit vint ; un des deux s'endormit, quand il se réveilla, il vit sur lui un manteau qu'il ne connaissait pas : il chercha son voisin ; celui-ci était mort, et au moment de mourir, avait de son manteau couvert son compagnon de misère.

Sais-tu quel est celui qui a fait cela ? Je le vois

dans les yeux, tu as envie que ce soit le Français. Eh bien! soit content: — c'était le Français.

E. BERSOT.

Lire : *Après la bataille*, de Victor Hugo.

Si je savais quelque chose qui fût utile à ma patrie et qui fût préjudiciable au genre humain, je le regarderais comme un crime.

MONTESQUIEU.

Il est une vertu supérieure à l'amour de la patrie, et cette vertu, c'est l'amour de l'humanité.

MABLY.

Pour servir la cause de l'humanité, le plus sûr est de défendre le pays qui a le premier reconnu et proclamé les droits de l'humanité.

L. BOURGEOIS.

Travailler et souffrir pour la cause de l'humanité, propager l'intelligence, la liberté et la vertu, voilà notre œuvre commune.

CHANNING.

XCI

HYPOCRISIE

L'hypocrisie a cela de fâcheux pour celui qui la pratique qu'elle se trahit constamment. Elle offense d'autant plus qu'elle blesse l'amour-propre.

Nous pardonnons quelquefois à qui nous a trompé : nous pardonnons difficilement à qui s'est laissé surprendre à croire qu'il pourrait nous tromper.

LA BEAUME.

Toujours par quelque endroit fourbes se laissent prendre.
>LA FONTAINE.

L'hypocrisie est un hommage que le vice rend à la vertu en s'honorant même de ses apparences.
>MASSILLON.

Éloigne de toi également ceux qui sont ou tout fiel ou tout miel.

Sous de gentils dehors, souvent bêtes et gens cachent méchanceté profonde.
>SAULIÈRE.

Quiconque est loup agisse en loup,
C'est le plus certain de beaucoup.
>LA FONTAINE.

La ruse la mieux ourdie
Peut nuire à son inventeur,
Et souvent la perfidie
Retourne à son auteur.

XCII

IGNORANCE

Il est peu généreux de fournir à un autre homme l'occasion de rougir de son ignorance sur un point, car il se peut qu'il nous soit supérieur sur beaucoup d'autres points.

Il faut donc constamment travailler pour acquérir de nouvelles connaissances et reculer les bornes de notre savoir.

Ce que l'homme sait n'est rien en comparaison de ce qu'il ne sait pas.

Tse-Hieou.

L'ignorance est un aveugle, le bon sens est un bâton qui le préserve des dangers du chemin.

Ch. Loubens.

L'ignorance est la plus dangereuse des maladies et la cause de toutes les autres.

Bossuet.

L'erreur est la nuit des esprits et le piège de l'innocence.

Vauvenargues.

Plus on est ignorant, moins on s'en aperçoit.

L'ignorant est le créancier de l'homme qui sait.

Proverbe.

Qui ne sait rien de rien ne doute.

La F...

Le verre quand il est uni à l'or, acquiert ... de l'émeraude ; de même l'ignorant acquiert ... dent par la fréquentation des gens habiles.

Hitopadèse.

XCIII

IMPATIENCE

(Voir *patience, résignation*)

L'impatience ne sert jamais qu'à retarder ce qu'elle ne peut avancer.

Em. de Girardin.

L'impatience aigrit et agace les cœurs : la douceur les ramène.

Mme DE MAINTENON.

L'impatience ne délivre d'aucun mal, au contraire, c'est un mal très cuisant que l'on ajoute à tous les autres pour s'accabler.

FÉNÉLON.

XCIV

INCONSTANCE

Pierre qui roule n'amasse pas mousse.

Proverbe.

L'arbre qu'on transplante trop souvent ne peut prendre racine.

ROJAS.

Je n'ai jamais vu un arbre qu'on change souvent de place ni une famille qui déménage souvent, prospérer autant que d'autres qui sont stables.

FRANKLIN.

Trois déménagements sont pires qu'un incendie.

Proverbe.

XCV

INDIFFÉRENCE

L'indifférent est inutile et même dangereux pour la société où il vit : inutile, car dans l'état de société, chacun doit travailler dans la mesure de ses forces au bien de tous, et l'indifférent se retranche, pour ainsi dire, de la société, et déclare étranger à lui, tout ce qui l'entoure ; dangereux, car un pareil homme est facilement du parti de l'abstention et laisse faire des malheurs qu'il pourrait peut-être empêcher. Une loi de Solon obligeait tout citoyen d'Athènes à se déclarer pour un parti ou pour un autre dans toutes les luttes politiques. Le sage législateur avait compris les tristes effets de l'indifférence et il avait voulu les prévenir. Être indifférent, ce n'est plus être un homme.

LAROUSSE.

Défiez-vous de l'homme qui trouve tout bien, de l'homme qui trouve tout mal, et encore plus de l'homme qui est indifférent à tout.

LAVATER.

Un homme neutre est un homme nul.

J. SIMON.

L'indifférence est une impuissance.

Ath. COQUEREL.

L'indifférence est la pire des myopies.

CHERBULIEZ.

Le plus grand mal de l'homme est de ne savoir point diriger sa vie et de ne tenir à aucun principe.

MAINE DE BIRAN.

XCVI

INDULGENCE

Avoir de l'indulgence n'est pas pardonner à la faute, mais à la faiblesse qui a fait commettre la faute. Pour l'homme indulgent, le mal reste le mal, mais le coupable paraît plus ou moins coupable suivant son âge, sa nature, ses lumières, et les circonstances particulières dans lesquelles il se trouvait. L'indulgence enfin, c'est la justice, non plus au point de vue de la société, mais à celui de l'individu. Aussi est-elle quelquefois un crime quand elle s'exerce à propos des méfaits qui intéressent gravement l'ordre social. Soyons indulgents pour le tort qui n'atteint que nous-mêmes, mais rendons stricte justice quand le tort atteint, non plus nous-mêmes, non plus seulement notre famille particulière, mais la grande famille nommée patrie, ou celle plus grande, plus sainte encore, qu'on appelle l'humanité.

La Beaume.

L'indulgence fait partie de la justice. (1)

Pline.

L'indulgence, mon fils, est la grande vertu.

E. Manuel.

L'indulgence est la précaution des cœurs justes qui font d'avance la part de ce qu'ils ignorent.

Comtesse Diane.

---

(1) Joubert a dit de même :
L'indulgence est une partie de la justice.

XCVII

INGRATITUDE

Tout ingrat est un méchant.

Solon.

L'ingratitude est un vice contre nature, les animaux mêmes sont reconnaissants.

Divers.

L'ingratitude la plus odieuse est celle des enfants envers leurs parents.

La Rochefoucauld.

XCVIII

INITIATIVE

(Voir *Activité*)

Ce n'est souvent qu'en essayant l'impossible qu'on élargit le possible.

E. Noel.

N'ayez pas besoin d'espérer pour entreprendre, ni de réussir pour persévérer.

Prince Taïeb Bey.

Un des plus grands éloges que l'on puisse faire d'un homme, c'est de dire qu'il sait se tirer d'affaire.

Saint-Marc Girardin.

XCIX

INJURE

(Voir *Calme*)

Oubliez les injures et souvenez-vous toujours des bienfaits. Rendez le bien pour le mal. Rappelez-vous toujours que l'homme fort, sûr de son droit, est toujours calme, que les paroles violentes ne prouvent rien, sinon le manque d'éducation de leur auteur et souvent la faiblesse de ses arguments.

Écrivez les injures sur le sable et les bienfaits sur l'airain (1).

Proverbe.

Les injures sont les raisons de ceux qui ont tort.

J. J. Rousseau.

Il faut ressentir les injures et ne s'en point venger.

Grimm.

Ceux qui s'émeuvent des injures font mieux de rester dans la vie privée.

...

Ce n'est pas une âme forte que celle qui plie sous l'injure.

Sénèque.

Les injures sont humiliantes pour celui qui les dit quand elles ne réussissent pas à humilier celui qui les reçoit.

Marmontel.

---

(1) Confucius avait déjà dit :
Oublie les injures, jamais les bienfaits.

Quand on me fait une injure, je tâche d'élever mon âme si haut que l'offense ne parvienne pas jusqu'à moi.

DESCARTES.

C

INJUSTICE

La justice commande de respecter les droits d'autrui, elle se traduit par des principes négatifs qui défendent de faire le mal, c'est-à-dire l'injustice. Mais à côté des droits à respecter, il y a des devoirs à remplir envers le prochain ; la charité les commande. Or ces deux ordres de prescriptions ne peuvent être séparés : on ne peut être juste sans être charitable. Étant riche, laisser souffrir un homme que l'on peut soulager, ce n'est pas seulement être inhumain, c'est aussi être injuste ; sachant qu'un homme est honorable, écouter sans protester des calomnies qui blessent son honneur et sa réputation, c'est encore être injuste. C'est ainsi qu'on est injuste en agissant contre la justice, en faisant le mal, mais qu'on l'est aussi en n'accomplissant pas ses devoirs envers le prochain, en ne faisant pas le bien qu'on peut faire.

On n'est pas moins injuste en ne faisant pas ce qu'on doit faire qu'en faisant ce qu'on ne doit pas faire.

MARC-AURÈLE.

Celui qui commet une injustice, une violence, se prend dans ses propres filets, car l'injustice retombe presque toujours sur son auteur.

LUCRÈCE.

La faveur met l'homme au-dessus de ses égaux, et sa chute au-dessous.

LA BRUYÈRE.

CI

INSTRUCTION

(Voir Étude, savoir, travail)

Quoi que l'on puisse dire, la véritable science et les études solides qui y conduisent seront toujours estimées même par les ignorants. Il n'y a personne qui ne fasse cas d'un homme qui parle bien sa langue et qui l'écrit correctement; qui est bien instruit des institutions de son pays; qui sait bien conduire ses affaires et donner aux autres de bons conseils; qui raisonne juste sur toutes les choses qu'il connaît; et sait tellement faire valoir ses raisons qu'il amène les autres à son sentiment. On ne pourra s'empêcher d'avoir de l'estime pour un tel homme et on passera jusqu'à l'admiration s'il a de plus la connaissance de plusieurs langues; si, connaissant l'histoire de son pays et des pays voisins, il sait démêler les intérêts des princes et l'origine de leurs prétentions; s'il connaît la géographie, le système du monde et l'histoire naturelle; s'il sait les mathématiques; s'il a une grande connaissance des arts utiles à la vie, ou même de ceux qui la rendent plus agréable, comme la peinture, la musique et la poésie.

LA BRUYÈRE.

L'instruction est un trésor, le travail en est la clef.

A chaque instant, l'instruction a une influence morale qui est au plus haut point éducative, qui, éclairant l'esprit, règle aussi l'âme.
MICHELET.

L'instruction est une richesse que rien ne saurait enlever aux mortels.
RIVAROL.

Rien ne déracine ou ne prévient mieux la superstition qu'une instruction solide.
FÉNELON.

L'instruction révèle à l'homme sa propre dignité.
STAHL.

Il y a trois sortes d'ignorances : ne pas savoir ce qu'on devrait savoir, savoir mal ce que l'on sait, savoir ce que l'on ne devrait pas savoir.
SOLON.

Tant que tu vivras cherche à t'instruire.
SOLON.

Il nous est plus facile de nous teindre d'une infinité de connaissances que d'en posséder un petit nombre.
VAUVENARGUES.

Ce n'est pas tout d'acquérir des idées, il faut les conserver.
J. SIMON.

CII

INTENTION

L'enfer est pavé de bonnes intentions. On applique ce proverbe aux hommes qui, coupables, se retranchent derrière leurs bonnes intentions contrariées par les circonstances.

Les bons mouvements ne sont rien s'ils ne deviennent de bonnes actions.
JOUBERT.

C'est l'intention qui relève les plus petites choses, ennoblit les plus communes.
SÉNÈQUE.

Il faut être doux et indulgent pour les actions humaines quand on peut supposer la pureté des intentions.
J. SIMON.

Le motif seul fait le mérite des actions des hommes.
LA BRUYÈRE.

CIII

JUGEMENT

(Voir *Esprit*).

Rien n'importe plus pour le bonheur de la vie qu'un jugement sain, rien n'intéresse plus sérieusement l'avenir que de savoir comparer avec justesse plusieurs idées, en reconnaître les rapports et les différences, et tirer les conséquences exactes de cette comparaison. C'est faute d'avoir appris à se servir de leur jugement dès leurs premières années que nous voyons tant de gens, d'ailleurs fort spirituels, faire les plus fausses démarches, manquer aux convenances les plus simples, et quelquefois méconnaître les devoirs les plus sacrés. Ils ne sont pas habitués à lier

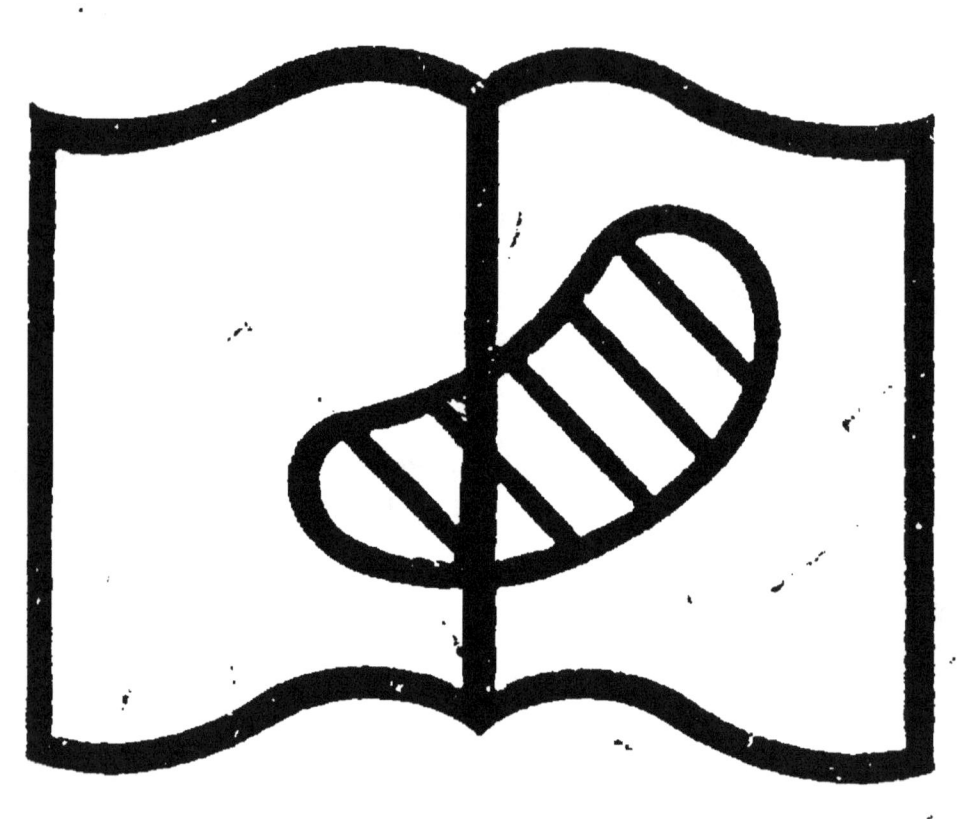

Original illisible
NF Z 43-120-10

leurs idées par des rapports naturels et raisonnables, et les choses se peignant à leurs yeux sous des couleurs mensongères, les mauvais jugements les conduisent aux mauvaises actions.

Le jugement bien cultivé se fortifie avec l'âge, survit aux facultés brillantes, qui ont besoin de la jeunesse, comme les plus belles fleurs ont besoin du printemps, et s'enrichit en vieillissant de trésors toujours nouveaux, de ressources toujours plus fécondes.

On est quelquefois sot avec de l'esprit, on ne l'est jamais avec du jugement.
La Rochefoucauld.

Jugeons les gens par leurs actions et non par leurs discours.
Fénélon.

Pour bien connaître un homme, il faut avoir mangé un boisseau de sel avec lui.

Attendre est pour juger la règle la meilleure.
Gresset.

Il ne faut pas mesurer les autres à son aune.
Régnier.

L'homme qui se trompe rarement sur les autres, se trompe souvent sur lui-même.
Duclos.

Nos ennemis approchent plus de la vérité dans les jugements qu'ils font de nous que nous n'en approchons nous-mêmes.
La Rochefoucauld.

Une hirondelle ne fait pas le printemps.
Proverbe.

Qui n'entend qu'une cloche n'entend qu'un son.
Proverbe.

Qui juge légèrement se trompe lourdement.
Proverbe.

Les querelles ne dureraient pas si longtemps si le tort n'était que d'un côté.
La Rochefoucauld.

C'est une grande misère que de n'avoir pas assez d'esprit pour bien parler ni assez de jugement pour se taire.
La Bruyère.

CIV

JUSTICE (1)

Une âme noble rend justice même à ceux qui la lui refusent.
Condorcet.

On ne peut être juste si l'on n'est pas humain.
Vauvenargues.

Non content d'être juste, ne permets pas l'injustice.
Phocylide.

La justice comprend en soi toutes les vertus : celui-là est bon qui est juste.
Théognis.

Tu veux qu'on te rende justice, sois juste.
Ménandre.

---

(1) Voir : Devoirs de Justice, dans le Cours de Morale de M. La Hautière.

Ne fais pas toi-même ce qui te déplaît dans les autres.
Thalès.

Point de véritable bonheur à espérer pour qui ne marche pas avec la justice. Il pourra prospérer, mais deux choses lui manqueront toujours : sa propre estime, la sécurité de l'avenir.
Jules Simon.

La justice est la première vertu de celui qui commande, et la seule qui arrête la plainte de celui qui obéit.
Diderot.

CV

LECTURE

Sans arriver à une grande instruction, on peut acquérir par la lecture des connaissances et des habitudes d'esprit capables d'augmenter infiniment la liberté de son jugement et en même temps l'élévation de son caractère. Le goût de la lecture préservera aussi du vide et de la langueur de l'âme, si dangereux dans la jeunesse. C'est un précieux avantage que de trouver hors de nous un intérêt innocent et facile auquel nous puissions recourir dans ces moments, où, sans intérêt pour nous-mêmes, nous traînons péniblement le poids de l'existence, et pourrions nous jeter trop avidement sur la première distraction capable de nous aider à la soutenir. La lecture rétablit l'équilibre entre nos facultés et nos besoins. En rendant le mouvement à notre esprit, elle allège le poids de la vie, qui n'est jamais lourde que parce que nous ne savons pas la porter, et il est rare que l'imagination ne sorte pas active et calme, d'une lecture commencée dans la paresse.

Mme Guizot.

Aimer à lire, c'est faire un échange des heures d'ennui qu'on doit avoir dans sa vie contre des heures délicieuses.

Montesquieu.

Je n'ai jamais eu de chagrin qu'une heure de lecture n'ait dissipé.

Montesquieu.

On s'accoutume à bien parler en lisant souvent ceux qui ont bien écrit.

Voltaire.

La lecture n'est pas la science universelle, mais un homme qui a pris l'habitude de lire peut toujours consulter sur chaque question donnée, une expérience plus grande que la sienne et une expérience plus désintéressée.

Laboulaye.

La joie, l'heureuse disposition que d'aimer à lire : on est au-dessus de l'ennui et de l'oisiveté, deux vilaines bêtes.

Mme de Sévigné.

Lire, bien lire est avant tout comprendre, puis, c'est juger, et s'approprier les pensées d'un auteur ; c'est en faire comme son miel, à la manière de l'abeille, et les déposer pour les y garder dans le plus pur de son âme.

Damiron.

Je lis pour la première fois un bon livre et j'y prends le même plaisir que si j'y faisais un nouvel ami. Je relis un livre que j'ai lu ; c'est un ancien ami que je revois.

Pensée chinoise.

Un livre est un ami discret et complaisant qui ne se lasse jamais de vous instruire et de vous intéresser.

DAMIRON.

Mes livres font ma joie et ma seule société. Je ne m'ennuie que quand on me force à les quitter, et je les retrouve avec plaisir.

P. L. COURIER.

Les livres sont la voix de ceux qui sont loin et de ceux qui sont morts ; ils nous font les héritiers de la vie intellectuelle des siècles écoulés.

CHANNING.

Rien ne peut remplacer les livres. Ce sont des amis qui nous encouragent et nous consolent dans la solitude, la maladie, l'affliction.

CHANNING.

Le livre est, après la pensée, la chose la plus intime de la vie, c'est-à-dire ce qu'il y a de pire s'il ne vaut rien, ce qu'il y a de meilleur s'il est bon.

P. J. STAHL.

Les bons livres sont l'essence des meilleurs esprits, le précis de leurs connaissances et le fruit de leurs longues veilles.

VAUVENARGUES.

Les livres sont à l'âme ce que les aliments sont au corps.

DIVERS.

La lecture est une partie du devoir de l'honnête homme.

REINE CHRISTINE.

Ce qui est écrit avec le cœur, ne doit pas être lu avec l'esprit.

On n'est jamais tout seul avec un livre.
MME SOPHIE HUE.

Il est impossible de devenir très instruit si on ne lit que ce qui plait.
JOUBERT.

Il faut, si l'on veut lire avec fruit, rendre son attention tellement ferme, qu'elle voie les idées comme les yeux voient le corps.
JOUBERT.

Celui qui lit sans profit est comme un chasseur qui fait buisson creux.
Proverbe.

N'oubliez pas, lorsque vous avez placé votre signet en quittant votre livre, de reprendre votre lecture un alinéa au-dessus de celui où vous aviez cessé de lire; c'est une manière de lier la suite à ce que vous avez déjà parcouru.
MME CAMPAN.

CVI

LIBERTÉ

La liberté personnelle n'est que le droit de n'être pas gêné dans la disposition de sa personne ; la liberté de la pensée n'est que le droit de n'être pas gêné dans la disposition de sa pensée ; la liberté de conscience est le droit de professer le culte qui vous convient ou même de n'en professer aucun; la liberté politique n'est que le droit de n'être pas gêné dans la disposition et de sa personne et de sa pensée par les exigences de l'association, et la liberté civile n'est que ce même droit, mais exercé plus particulièrement par rapport aux coassociées pris individuellement.

D'après LA BEAUME.

La loi de tous, c'est la liberté qui finit où commence la liberté d'autrui.

V. HUGO.

La liberté règne là où d'honnêtes gens habitent.

SALIS.

C'est seulement sous le souffle de la liberté que se développe le germe de la vertu.

KRUMMAKER.

La liberté est l'air respirable de l'âme humaine.

V. HUGO.

La liberté dans l'homme est la santé de l'âme. Plus on a la santé de l'âme, plus on croit à la liberté.

MICHELET.

La plus grande joie que puisse éprouver un homme, c'est de recouvrer la liberté perdue.

CERVANTÈS.

La vraie liberté, c'est pouvoir toute chose pour soi.

MONTAIGNE.

La liberté est un trésor qu'on ne conserve qu'à la condition d'en user.

VOLTAIRE.

CVII

LOISIR

(*Désœuvrement*).

Celui qui reste dans son lit pendant une belle matinée d'été perd le principal plaisir de la journée, celui qui passe sa jeunesse dans l'indolence perd la plus belle portion de sa vie.

Méry.

On a toujours du loisir quand on sait s'occuper.

Mme Roland.

Le loisir est un temps qu'on peut employer à quelque chose d'utile. Il n'y a que l'homme vigilant qui puisse se procurer cette espèce de loisir auquel le paresseux ne parvient jamais

Franklin.

Trop de loisir aux vertus est contraire :
Qui ne fait rien n'est pas loin de mal faire.

Panard.

Le pire des états est celui d'un homme qui n'a rien à faire.

Voltaire.

CVIII

LOUANGE

(*Blâme*).

Ceux qui louent sont le plus souvent intéressés, ne serait-ce que pour profiter de la sympathie que peut leur procurer leur louange. Préférez donc l'homme de bon conseil, l'ami franc, qui vous blâme à l'occasion, au flatteur qui loue à tout propos et hors de propos.

Aimez qu'on vous conseille et non pas qu'on vous loue.
BOILEAU.

La louange est une flatterie habile, cachée et délicate, qui satisfait différemment celui qui la donne et celui qui la reçoit : l'un la prend comme une récompense de son mérite, l'autre la donne pour faire remarquer son équité et son discernement.
LA ROCHEFOUCAULD.

La louange d'un flatteur est plus à craindre que la menace d'un ennemi.
PETIT-SENN.

Ceux qui me louent me montrent le chemin que je dois suivre, ceux qui me blâment m'avertissent des dangers que je cours.
Pensée chinoise.

Il faut mériter les louanges et s'y soustraire.
FÉNÉLON.

Peu de gens sont assez sages pour préférer le blâme qui leur est utile à la louange qui les trahit.
LA ROCHEFOUCAULD.

Il est quelque chose de plus doux que de recevoir des louanges, c'est le sentiment de les avoir méritées.
J. PETIT-SENN.

CIX

MAINTIEN

(Voir *Estime, Tenue, Politesse*).

Une bonne tenue ne supplée pas à une bonne conduite ; mais elle en est presque toujours la preuve et pour ainsi dire l'expression.

L'attitude parle quelquefois plus éloquemment que la langue.
Méidain.

La bonne grâce est au corps ce que le bon sens est à l'esprit.
La Rochefoucauld.

CX

MALHEUR

(Voir *Adversité*)

Lorsque nous sommes malheureux, examinons bien à quoi sont dues nos peines ; nous trouverons le plus souvent que nous aurions pu les éviter et qu'elles ont pour point de départ une faute ou une habitude plus ou moins coupable. Dans ce cas, nous devons nous corriger pour éviter le retour du mal. Si nous sommes tout à fait innocents, — ce qui arrive quelquefois — nous trouverons dans la pureté de notre conscience la force de supporter l'adversité.

La plupart des peines n'arrivent si vite que parce que nous faisons la moitié du chemin.
Comtesse DASH.

Ne vois le malheureux que pour le soulager.
CHEVREAU.

Nous querellons les malheureux pour nous dispenser de les plaindre.
VAUVENARGUES.

C'est en devenant malheureux qu'on apprend quelquefois à l'être moins.
Mme SWETCHINE.

Quand le deuil et la ruine ont remplacé les fêtes, la route s'allonge, qui menait jadis à l'hospitalière maison.
Olivier CHANTAL.

Celui qui manque de courage dans l'infortune manque de dignité dans la prospérité.
...

CXI

MÉCHANCETÉ

Un méchant est bientôt reconnu, signalé et haï. Ne croyez pas que son air sombre et inquiet provienne de rien qui ressemble à du remords; on redevient bon, dès qu'on commence à se repentir: le méchant est triste, parce qu'il se sent isolé. Il en est, il est vrai, qui paraissent gais et toujours souriants : allez au fond de cette gaieté, observez ce sourire, vous verrez que ni l'un ni l'autre ne sont francs et dégagés d'arrière-pensées.
LA BEAUME.

Le méchant fabrique des tourments contre soi.

Montaigne.

La taquinerie est la méchanceté des bons.

V. Hugo.

Ne cherche pas les raisons des méchants puisqu'ils n'ont que des prétextes.

Olivier Chantal.

Les méchants ont autant besoin des bons, que les malades ont besoin des médecins.

...

La force du mal est, en ce monde, moins redoutable que la faiblesse du bien, et si les idées justes se déployaient hardiment, les principes faux n'auraient pas si beau jeu.

Guizot.

CXII

MÉDISANCE

(Voir *Parler, calomnie*)

La médisance est le plus infâme de tous les vices. Il est d'autant plus à craindre que quiconque tombe dans ce défaut donne souvent un coup mortel à un homme qui ne connait pas la main qui le tue, et l'on peut assurer que tous les médisants sont des lâches, des traitres et des assassins.

Fléchier.

Médire, c'est presque toujours calomnier; car, de la manière dont on raconte un fait, de l'occasion à propos de laquelle on le raconte, de la disposition d'esprit des personnes qui l'écoutent, dépend le degré de gravité de ce même fait : or, faire croire le mal plus grand qu'il n'est, c'est aussi calomnier.

La Beaume.

Un coup de langue est parfois pire qu'un coup de lance.

Proverbe.

La médisance est une boîte de Pandore : quand elle s'ouvre, elle remplit chaque maison et tout le voisinage avec tous les maux.

Pope.

Les médisants sont comme les tigres : on les craint même lorsqu'ils se jouent.

...

C'est un méchant métier que celui de médire.

Boileau.

On devrait bien exiger des médisants ce qu'on exige des gens d'esprit : de ne pas dire toujours la même chose.

A. Ségalas.

L'écoutant fait le médisant.

Proverbe.

Tout le monde ne médit pas, mais tout le monde laisse médire : la loi est plus juste, elle punit le voleur et le recéleur.

Alfred Bougeard.

CXIII

MENSONGE

Quand on a une fois trompé, on ne peut plus être cru de personne.

Fénélon.

Voiler une faute par un mensonge, c'est remplacer une tache par un trou.
                                        RIVAROL.

Qui se conduit bien n'a ni l'envie, ni le besoin, ni l'occasion de mentir.
                                        ...

Tout homme de courage est homme de parole et fuit plus que la mort la honte de mentir.
                                        CORNEILLE.

Le mensonge est avilissant ; tous nous voudrions pouvoir dire que nous n'avons jamais menti... Mais dire cela, ce serait mentir.
                                        Comtesse DIANE.

La franchise ennoblit, le mensonge avilit.
                                        ...

La fausseté est un vice d'esclave ; elle est indigne d'un homme libre.
                                        ...

L'aveu de nos fautes est une preuve de repentir et un gage d'amélioration morale.
                                        ...

Le mensonge est le serviteur complaisant des défauts et des vices.
                                        ...

Le mensonge cherche toujours à imiter la vérité.
                                        FUSTEL DE COULANGES.

Le mensonge est l'avilissement et comme l'anéantissement de la dignité humaine.
                                        KANT.

Le mensonge est à la fois une arme défensive et offensive : il ne sert pas seulement à cacher, mais encore à commettre de mauvaises actions et même des crimes.
                                        ...

Dans notre langue, tous les termes qui servent à désigner le mensonge et les menteurs sont des termes de mépris.

***

Les petits mensonges mènent aux grands.

***

La tromperie est un mensonge en action.

***

Deux choses sont inséparables du mensonge : beaucoup de promesses et beaucoup d'excuses.

LOUBENS.

Évitez les gens qui ne pensent même pas le contraire de ce qu'ils disent.

Charles NARREY.

Les mensonges sont des épées sans manche qui coupent la main qui les porte.

***

Le mensonge ne peut jamais être excusable, quelque fin et quelque motif que se propose celui qui ment.

FÉCHIER.

Craignez le mensonge dans le jeune âge ; c'est le commencement de tous les vices sans exception.

LAURENCIE.

Le véritable usage de la parole est de servir la vérité.

Mme DE LAMBERT.

Pour paraître honnête homme, il faut l'être.

BOILEAU.

Le menteur est coupable comme celui qui donne de la fausse monnaie pour de la bonne.

BARREAU.

Le vrai moyen d'être trompé, c'est de se croire plus fin que les autres.

LA ROCHEFOUCAULD.

Tu te plains d'être trompé ? Qui t'a trompé le plus souvent ? toi-même.

Celui qui s'est fait connaître une fois par ses fourberies, n'est plus cru, même quand il dit la vérité.

PHÈDRE.

CXIV

MÉRITE

Le mérite est une conséquence de la liberté morale. Nous sommes responsables de nos fautes parce que nous sommes libres de ne pas les commettre. Nous avons du mérite à faire le bien parce que nous sommes libres de ne pas l'accomplir. Avoir du mérite, c'est donc faire habituellement son devoir. On a d'autant plus de mérite que l'accomplissement du devoir offre plus de difficulté.

L'important est d'avoir du mérite, et non un mérite récompensé par les hommes.

SILVIO PELLICO.

Le mérite se cache, il faut l'aller trouver.

FLORIAN.

Nos plus sûrs protecteurs sont nos amis.

VAUVENARGUES.

Mériter, c'est valoir; dire qu'un homme a du mérite, c'est dire qu'il vaut louange ou récompense.

FRANKLIN.

La parfaite valeur est de faire sans témoins ce qu'on serait capable de faire devant tout le monde.

LA ROCHEFOUCAULD.

Une distinction n'a de valeur qu'en raison des efforts qu'on a faits pour s'en rendre digne.

BARDOUX.

C'est à nos actions de parler pour nous : il est plus beau de mériter des louanges et des récompenses sans les recevoir que de les recevoir sans en être digne.

BAYARD.

Les grands noms abaissent au lieu d'élever ceux qui ne les savent pas soutenir.

LA ROCHEFOUCAULD.

Quelle plus grande honte y a-t-il d'être refusé d'un poste que l'on mérite ou d'y être placé sans le mériter?

LA BRUYÈRE.

On ne doit pas juger du mérite d'un homme par ses grandes qualités, mais par l'usage qu'il en sait faire.

LA ROCHEFOUCAULD.

Nous parlons trop de la chance; il y a des bonheurs et des malheurs qui n'arrivent guère qu'à ceux qui les méritent.

G. M. VALTOUR.

Assieds-toi à ta place, on ne te fera pas lever.

CERVANTÈS.

La valeur n'attend pas le nombre des années.

CORNEILLE.

C'est ajouter à son mérite que de reconnaître celui d'autrui.

PETIT-SENN.

CXV

MESURE

(V. *Excès, Modération, Tact.*)

La mesure et la modération n'empêchent pas d'agir ; elles tendent à renfermer l'action dans de justes limites. La modération tient au caractère ; c'est une qualité intime qui se manifeste ordinairement dans toute la conduite. La mesure, au contraire, suppose un certain calcul ; c'est une règle extérieure qu'on s'impose et qui est presque uniquement basée sur une juste appréciation des circonstances.

Larousse.

Il faut se mesurer.

La Fontaine.

Il faut tondre la brebis et non l'écorcher.

Proverbe.

Jamais trop ni trop peu, c'est le secret du sage.

Lemercier.

Quand on a toute liberté, il sied bien de garder toute mesure.

V. Hugo.

En tirant à la cible, il ne s'agit pas de dépasser le but mais de l'atteindre.

Lun-Yu.

CXVI

MODÉRATION

(V. *Mesure, Excès, Tact*).

Ne dites pas tout ce que vous savez, car celui qui dit tout ce qu'il sait dit souvent ce qu'il ne doit pas dire. Ne faites pas tout ce que vous pouvez, car celui qui fait tout ce qu'il peut, fait souvent ce qui ne convient pas. Ne croyez pas tout ce que vous entendez, car celui qui croit tout ce qu'il entend croit souvent ce qui ne peut exister. Ne vous vantez pas de tout ce que vous avez, car celui qui se vante de ce qu'il a se vante souvent de ce qu'il n'a pas. Ne jugez pas de tout ce que vous voyez, car celui qui juge de tout ce qu'il voit juge souvent de ce qui n'est pas.

Préceptes arabes.

Un peu de tout, rien à souhait : grand moyen d'être modéré, sage et content.
JOUBERT.

Qui veut voyager loin ménage sa monture.
RACINE.

Qui borne ses désirs est toujours assez riche.
DELILLE.

La modération est l'état d'une âme qui se possède.
VAUVENARGUES.

Il faut chercher la félicité souveraine dans la modération du désir.
DIDEROT.

L'art de se passer des choses remplace le bonheur de les posséder.
>> Ch. GAY.

Il n'est rien de tel, pour ne pas se brouiller avec la vie, que de n'en point trop attendre.
>> Ed. SCHÉRER.

Quand on n'a pas ce que l'on aime, il faut aimer ce que l'on a.
>> Proverbe.

S'accommoder de ce monde tel qu'il est, et pourtant lui être supérieur.
>> HEGEL.

On doit se consoler de n'avoir pas les grands talents, comme on se console de n'avoir pas les grandes places.
>> LA BRUYÈRE.

Il n'y a pas de maladie plus cruelle que de n'être pas content de son sort.
>> LE HAVAMAAL.

La modération est le trésor du sage.
>> VOLTAIRE.

N'est pas pauvre qui sait se contenter de peu.
>> HORACE.

Ce n'est pas le chiffre de la fortune qui fait l'aisance, c'est la modération des goûts.
>> Claudia BACHI.

Qui trop se hâte en cheminant, en beau chemin souvent se fourvoie.
>> ...

Qui frappe à tous les arbres n'en abat aucun.
>> ...

Tel se plaint d'être mal qui serait bien content s'il songeait qu'on peut être pire.
>> FLORIAN.

Quand on a peu de désirs, on a peu de privations.
PLUTARQUE.

Qui trop embrasse mal étreint.
Proverbe.

Qui borne ses désirs est toujours assez riche.
VOLTAIRE.

Qui tire trop fort la corde la rompt.
LOUBENS.

Mieux vaut petit feu qui chauffe que grand feu qui brûle.
Proverbe.

Qui vit content de peu possède toutes choses.
BOILEAU.

Trop de repos nous engourdit,
Trop de fracas nous étourdit,
Trop de froideur est indolence,
Trop d'activité turbulence,
Trop de finesse est artifice,
Trop de rigueur est cruauté,
Trop d'audace est témérité,
Trop d'économie est avarice,
Trop de bien devient un fardeau,
Trop d'honneur est un esclavage,
Trop de plaisir mène au tombeau,
Trop d'esprit nous porte dommage,
Trop de confiance nous perd,
Trop de franchise nous dessert,
Trop de bonté devient faiblesse,
Trop de fierté devient hauteur,
Trop de complaisance bassesse,
Trop de politesse fadeur.

Un poète du XIIIe siècle

CXVII

MODESTIE

L'un des plus grands mérites de la modestie, c'est qu'elle fait supposer de la justesse dans l'esprit. En effet, être modeste, c'est reconnaître qu'on ignore beaucoup de choses, qu'on laisse à désirer sous beaucoup de rapports ; c'est comprendre que nos passions irritent celles des autres et que nous aurons pour ennemis les orgueilleux, si nous montrons de l'orgueil, les gens vaniteux, si nous étalons notre vanité. Être modeste, c'est choisir la portion la plus favorable et la moins exposée aux chagrins qui résultent de la jalousie ou du mauvais vouloir des autres, parce qu'en nous faisant oublier, nous laissons le champ libre aux amours-propres ombrageux qu'aurait froissés notre rencontre.

Théry.

RÉCIT

Chevert était fier de l'obscurité de sa naissance plus qu'un autre ne l'était de sa noblesse. Un particulier étant venu en qualité de parent, réclamer son crédit à la cour : « Etes-vous gentilhomme, monsieur, lui dit Chevert ? — Oui monsieur. — En ce cas, nous ne sommes pas parents, car je suis le premier et le seul gentilhomme de ma famille.

Larousse.

Une personne vraiment modeste n'ignore point ce qu'elle vaut, mais elle n'exagère point cette valeur, elle en doute même un peu et laisse apercevoir ce doute.

J. La Beaume.

Voulez-vous qu'on dise du bien de vous ? N'en dites point.
La Bruyère.

Nous devons nous borner à notre savoir-faire.
Guichard.

La modestie est au mérite ce que l'ombre est à la peinture : elle en fait ressortir les beautés.
Burger.

Sois une lumière et ne cherche point à le paraître.
Lavater.

La modestie est une grande lumière : elle laisse l'esprit toujours ouvert et le cœur toujours docile à la vérité.
Guizot.

De même qu'on voit briller l'éclair avant d'entendre gronder la foudre, ainsi se remarque sur le visage de l'homme modeste, une certaine grâce qui prévient en sa faveur avant qu'il ne parle.
Fléchier.

Y a-t-il rien d'accompli comme celui qui sait beaucoup et ne le fait pas sentir ?
A. de Gasparin.

La modestie est l'ornement du mérite.
La Bruyère.

Soyez modeste, on ne se fera pas une peine de vous accorder l'estime.
Pensée chinoise.

Sois modeste dans ta conduite : abaisse le son de ta voix ; la plus désagréable de toutes est celle de l'âne.
Mahomet.

Ne forçons point notre talent ; nous ne ferions rien avec grâce.
La Fontaine.

J'aimerais beaucoup mieux un modeste ignorant, qu'un enfant orgueilleux de sa faible science.

Morel de Vindé.

Vous êtes jeune, et vous allez entrer dans le monde; baissez-vous pour le traverser, et vous éviterez plus d'une rude atteinte.

Franklin.

CXVIII

MOQUERIE

La moquerie est souvent indigence d'esprit.

La Bruyère.

La raillerie est l'épreuve de l'amour-propre.

Vauvenargues.

La moquerie est, de toutes les injures, celle qui se pardonne le moins.

Il ne se faut jamais moquer des misérables,
Car qui peut s'assurer d'être toujours heureux ?

La Fontaine.

CXIX

NATUREL

(V. *affectation, vanité, maintien,* etc.)

Sois ce que tu es, et deviens ce que tu peux.

Lavater.

Chacun pris en son air, est agréable en soi ;
Ce n'est que l'air d'autrui qui peut déplaire en moi.
BOILEAU.

Rester soi, c'est une grande force, une chance d'originalité. Si la fortune change, tant mieux, mais que la nature reste.
MICHELET.

Rien n'empêche tant d'être naturel que l'envie de le paraître.
LA ROCHEFOUCAULD.

Un bon naturel est à la beauté ce que le parfum est à la rose.

CXX

NÉCESSITÉ

C'est la nécessité de satisfaire ses besoins, de protéger son existence et de vivre en société qui a d'abord contraint l'homme à fabriquer les vêtements, les armes, les outils, à construire des habitations, à trouver les procédés de culture, à inventer le langage, à établir des lois. Mais à mesure que la société se transforme et que la civilisation se perfectionne, de nouveaux besoins se produisent : le désir du bien-être et des jouissances, et aussi l'activité et la curiosité naturelles à l'esprit de l'homme stimulent cette faculté d'invention et lui font produire dans les sciences, dans les arts, dans les métiers de toute sorte des œuvres merveilleuses.
LA BEAUME.

Il faut savoir percer un trou avec une scie et scier avec une vrille.

FRANKLIN.

C'est lorsqu'on a beaucoup à faire qu'on est capable de beaucoup faire.

THIERS.

Nécessité est mère d'invention.

Proverbe.

Il n'est pas d'homme que la nécessité n'élève au-dessus de lui-même.

O. FEUILLET.

La nécessité est une rude école qui n'accorde pas beaucoup de temps à ses élèves.

A. CHABOT.

Il faut faire de nécessité vertu.

Proverbe.

CXXI

NÉGLIGENCE

L'homme négligent oublie et perd ainsi les occasions dont il pourrait profiter, ou bien il fait mal ce qu'il a à faire, et dans ce cas, il réussit mal dans son entreprise. Souvent une petite chose négligée amène un grand malheur, une perte irréparable ou l'insuccès d'une entreprise.

On perd souvent plus dans un jour par négligence qu'on ne gagne en une semaine par le travail.

JACQUES BUJAULT.

Faute d'un clou, le fer d'un cheval se perd; faute d'un fer, on perd le cheval, et faute d'un cheval, le cavalier lui-même est perdu, parce que son ennemi l'atteint et le tue; et le tout, pour n'avoir pas fait attention à un clou du fer de sa monture.

FRANKLIN.

L'homme qui attend le dernier omnibus court grand risque de venir à pied.

Proverbe.

C'est dans la négligence des petits devoirs qu'on fait l'apprentissage des grandes fautes.

MME NECKER.

CXXII

NOBLESSE

La noblesse est de toutes les conditions, elle est séparable de la richesse. Elle résulte d'un ensemble de qualités de loyauté, de désintéressement, de franchise, et en impose à tous, même aux plus dépravés. C'est en faisant le bien que chacun de nous peut s'ennoblir, s'élever dans sa propre estime et aux yeux des autres.

Ce sont les bonnes actions qui ennoblissent, et chacun est fils de ses œuvres.

CERVANTÈS.

La plus noble question du monde est celle-ci: Quel bien puis-je faire?

FRANKLIN.

Être placé au-dessus des autres, n'est qu'une obligation plus étroite de travailler pour les autres et de les servir.

BOURDALOUE.

Noblesse oblige.

Proverbe.

Quand on est grand soi-même, on grandit ce qui est autour de soi.

E. MICHAUD.

L'homme qui ne peut se vanter que de ses nobles ancêtres ressemble à une truffe : le seul bien qui lui appartient est sous terre.

T. OVERBURG.

Ceux qui se reposent follement sur la gloire de leurs ancêtres se vantent d'une dette qu'ils ne seront probablement jamais capables de payer.

Moralistes Anglais.

Qui sert bien son pays n'a pas besoin d'aïeux.

CORNEILLE.

CXXIII

OBÉISSANCE

Obéissance — Soumission de la volonté. Acte de dépendance hiérarchique qui ne détruit en rien la liberté. Qui ne sait pas obéir ne sait pas commander; parce que celui qui ne sait pas se conformer à la volonté qui, accidentellement, doit diriger la sienne, ne saura pas avoir, à son tour, une volonté sagement dirigeante et ne saura pas la faire connaître en termes convenables pour la juger telle et respecter.

La Beaume.

L'obéissance consiste à obéir, même quand nous ne comprenons pas bien l'utilité ni l'équité des ordres qui nous sont donnés.

Dumouchel.

L'obéissance est dans les actions, la docilité est dans le cœur.

Barrau.

Pour qu'on vous obéisse, obéissez aux lois.

Voltaire.

CXXIV

OCCASION

Si un homme qui tombe veut se relever, qu'il se hâte de saisir la main que chacun lui tend dans le premier moment. Plus tard, tout le monde aura passé son chemin.

Comtesse Diane.

Il faut battre le fer pendant qu'il est chaud.

Proverbe.

Ne laissez point échapper ce que vous croirez vous être utile : l'occasion n'a qu'un toupet de cheveux, le derrière de la tête est chauve.

P. Syrus.

Ne laissez jamais échapper sans la saisir, l'occasion, quand elle met à votre portée une mèche de ses cheveux.

CERVANTES.

Les hommes ne s'attachent pas assez à ne pas manquer les occasions de faire plaisir.

LA BRUYÈRE.

CXXV

OISIVETÉ

On dit que l'oisiveté est la mère de tous les vices : c'est parce que le premier résultat de l'oisiveté est l'ennui ; celui qui s'ennuie ne sait pas de quel côté tourner. Les hommes occupés sont gais, paisibles et bons ; les fainéants, au contraire, sont portés à s'adonner à l'ivrognerie et au jeu ; ils s'aigrissent le caractère, deviennent disputeurs, querelleurs et méchants.

AUERBACH.

L'oisiveté ressemble à la rouille, elle use plus que le travail.

FRANKLIN.

L'oisiveté va si lentement que tous les vices l'atteignent...

...

L'homme inactif est également en horreur et aux dieux et aux hommes ; c'est cet insecte sans aiguillon, ce frelon avide, qui s'engraisse en repos du labeur des abeilles.

HÉSIODE.

L'oisiveté est la rouille de l'âme.

> DE LÉVIS.

L'inaction, c'est la rouille du courage.

> HOCHE.

Vivre sans rien faire est le signe, non de la supériorité de fortune, mais de l'infériorité de capacité et d'éducation.

> Mme GUIZOT.

Pas une minute ne doit être inoccupée. Dans la jeunesse, l'oisiveté est impardonnable.

> CHESTERFIELD.

Une vie oisive est une mort anticipée.

> GOETHE.

L'oisiveté fait plus de mal que la journée la plus rude.

> CHATTERTON.

Une journée d'oisiveté fatigue comme une nuit d'insomnie.

> PETIT-SENN.

L'oisiveté nous lasse plus promptement que le travail.

> VAUVENARGUES.

Il n'est pire travail que ne rien faire.

> MAZARIN.

La vie tranquille et la vie oisive sont deux choses fort différentes.

> Moralistes anglais.

L'oisif ne se repose pas, il fatigue les autres et lui-même.

> LOUBENS.

Il n'existe aucun fardeau plus pesant que celui du temps dont on ne sait que faire.

> Moralistes anglais.

Un repos modéré rend nos membres plus forts. Un long repos énerve et l'esprit et le corps.

LOUBENS.

En chômant, on apprend à mal faire.

Proverbe.

L'oisiveté est une fraude au préjudice du pays.

PELLETAN.

Pour les oisifs, les jours sont longs et les années sont courtes.

...

L'homme oisif est comme l'eau qui dort, il se corrompt.

LATÉNA.

CXXVI

ORDRE

L'ordre a trois avantages : il soulage la mémoire, il ménage le temps, il conserve les choses.
Le désordre a trois inconvénients : l'ennui, l'impatience, la perte de temps.
L'ordre a besoin de trois serviteurs : la volonté, l'attention et l'adresse.
Le désordre a trois maîtres : la précipitation, la paresse et l'étourderie.

...

Le travail ne suffit pas sans l'ordre qui tire parti de tout et ne laisse rien perdre. L'ordre fait qu'on est toujours prêt et qu'on met à profit toutes les circonstances. Il n'y a pas de maison que l'absence de l'ordre ne ruine ou n'appauvrisse. Voyez tels et tels ! A qui ont-ils dû leurs pertes ? Au défaut d'ordre. Chez eux, rien ne se fait bien et à temps ; tout se perd, tout se brise, tout se détériore ; il faut sans cesse acheter, réparer, renouveler.

RAPET.

Une place pour chaque chose, chaque chose à sa place.

L'ordre prépare et appelle le génie.

L'ordre agrandit l'espace et multiplie le temps.

Avec de l'ordre et du temps, on trouve le secret de tout faire et de tout bien faire.

PYTHAGORE.

Le défaut de soins fait plus de tort que le défaut de savoir.

FRANKLIN.

L'ordre est le père de l'industrie, de la prospérité, et, à un certain degré, de l'honnêteté.

GAUTHEY.

Que chaque chose chez vous ait sa place et chaque affaire son temps.

FRANKLIN.

L'œil d'un maître fait plus d'ouvrage que ses deux mains.

Il n'est pour voir que l'œil du maître.

LA FONTAINE.

CXXVII

ORGUEIL

L'orgueil qui vient d'une confiance aveugle dans nos forces se nomme présomption ; celui qui s'attache à de petites choses, vanité ; celui qui se fonde sur la naissance, hauteur ; celui qui est courageux, fierté.
VAUVENARGUES.

Toutes ces formes de l'orgueil sont mauvaises : nous ne devons pas oublier que tous les hommes sont égaux et qu'il n'y a d'autre supériorité que celle du mérite et de la vertu.

Quand orgueil et présomption cheminent devant, honte et dommage suivent de bien près.
LOUIS XI.

L'orgueil déjeune avec l'abondance, dîne avec la pauvreté et soupe avec la honte.
FRANKLIN.

L'orgueil est un mendiant qui crie aussi haut que le besoin et qui est bien plus insatiable.
FRANKLIN.

Quand l'orgueil mène le cheval de l'homme par la bride, la confusion est montée en croupe.
AMYOT.

Il vaut mieux se faire agréer que se faire valoir.
JOUBERT.

Esprit, talent, vertu, l'orgueil avilit tout.

Ayons des qualités, non pour en faire parade, mais pour en faire usage.

Ch. ROZAN.

On ne s'obstine souvent au mal que par le faux orgueil de rebrousser chemin.

...

On reconnaît les hommes d'élite à l'absence complète de l'orgueil.

A. DUMAS fils.

On oublie l'orgueil d'un parvenu, s'il s'en souvient; on s'en souvient, s'il l'oublie.

PETIT-SENN.

Tâchez de vaincre, mais évitez de triompher.

Marie D'EBNER.

Rien ne ressemble à l'orgueil comme le découragement.

AMIEL.

Tel brille au second rang qui s'éclipse au premier.

BOILEAU.

CXXVIII

PARESSE

On ne saurait répéter trop souvent cette vieille et utile maxime : La paresse est la mère de tous les vices honteux. Le mensonge, la médisance, la calomnie, la gourmandise, le vol, toutes ces choses coupables naissent de la paresse et de l'oisiveté.

Des enfants occupés ne pensent qu'à leur travail; ils ne font rien de mal et, n'ayant rien à cacher à leurs parents, ils ne mentent point. Les torts de leurs voisins n'existent pas pour eux ; ils les ignorent ou n'en parlent pas ; ils ne sont donc point médisants ; ils ne sont point gourmands car, après leurs repas, ils travaillent et ne vont point courir à droite, à gauche, devant les boutiques de pâtissiers ou de fruitiers qui les tentent.

Les enfants occupés avec ardeur à se perfectionner dans l'état qu'ils apprennent, voient couler leurs heures sans ennui. Celles des repas avec leurs parents arrivent ; ils y apportent le bon appétit de leur âge ; ils mangent bien, retournent gaiement au travail et ne sont point tourmentés par cette honteuse gourmandise, funeste défaut qui les pousse quelquefois à tenter d'abord de légers larcins, puis, après ceux-là, de plus grands qui les conduisent à passer leur vie dans les prisons ou à la perdre avec ignominie sur l'échafaud.

Madame Campan.

Récit

Quand un homme fort et en état de travailler fait, en Hollande, le métier de mendiant, on le saisit, on le descend dans un puits profond, et on lâche un robinet. Si le patient ne pompait sans relâche, il serait bientôt noyé. Pendant que ce malheureux travaille, de graves Hollandais font des paris sur le bord du puits : l'un gage que cet homme est lâche et paresseux, et que l'eau va l'ensevelir. L'autre soutient le contraire. Enfin, après quelques heures, on retire le mendiant, plus mort que vif, et on le renvoie avec cette utile leçon de travail.

Les paresseux ne font jamais que des gens médiocres, en quelque genre que ce puisse être.

Voltaire.

Fainéantise voyage si lentement que pauvreté l'a bientôt atteinte.

Franklin.

La paresse rend tout difficile, le travail rend tout aisé : celui qui se lève tard s'agite tout le jour, et commence ses affaires quand il est déjà nuit.

Franklin.

Les paresseux ne sauraient être classés parmi les vivants ; ce sont des morts qu'on ne peut enterrer.

W. Temple.

La paresse, qui est une langueur de l'âme, est une source inépuisable d'ennuis.

Fénelon.

La paresse fait qu'on aime mieux croire que d'examiner, parce que le premier est bientôt fait et que le second demande une recherche plus longue et plus pénible.

Bossuet.

Le paresseux est frère du mendiant.

Proverbe.

L'ennui est entré dans le monde par la paresse.

La Bruyère.

Vous trouverez fort peu de paresseux que la paresse n'incommode.

Vauvenargues.

Ce sont les lâches qui s'ennuient, ceux qui s'abandonnent à leur inertie, qui ne réagissent pas énergiquement contre eux-mêmes, qui oublient les autres.

A. de Gasparin.

La paresse consume insensiblement toutes les vertus.

La Rochefoucauld.

Travailler n'a jamais rien de honteux ; la honte n'est que pour la paresse.

HÉSIODE.

Les paresseux ont toujours envie de faire quelque chose.

VAUVENARGUES.

L'ennui est une maladie dont le travail est le remède ; le plaisir n'est qu'un palliatif.

LÉVIS.

Le paresseux en bonne santé est bien pire que le malade, car il mange deux fois plus et ne fait rien.

PLAUTE.

Celui qui ne veut pas travailler ne doit pas manger.

* * *

Le paresseux ressemble à ces plantes mauvaises qui prennent la nourriture des autres et ne produisent rien.

* * *

Le nonchalant n'a pas voulu labourer à cause du froid, il mendiera donc pendant l'été et on ne lui donnera rien.

* * *

Un mauvais ouvrier ne saurait trouver de bons outils.

* * *

Le champ du paresseux rapporte plus de mauvaise herbe que de bon grain.

MAXIME.

Qui dort dîne.

* * *

Ce qu'est le vinaigre aux dents, et la fumée aux yeux, le paresseux l'est à ceux qui l'entourent.

SALOMON.

Moins on fait, moins on voit ce qu'il y a à faire.

LOBSTEIN.

Il n'est pire eau que l'eau qui dort.

Proverbe.

Allez à la fourmi, paresseux que vous êtes, considérez sa conduite et apprenez à être sages.

SALOMON.

Les honneurs et les choses s'usent à ne rien faire.

P.-J. STAHL.

Bien des oisifs font, pour se tuer, plus d'efforts que les laborieux pour vivre.

O. FEUILLET.

CXXIX

PARLER

La multitude des paroles n'engendre pas de grands effets. Quand la vigne produit beaucoup de bois, c'est lorsqu'elle porte moins de fruits. Quand un discours est trop long, la fin fait oublier le milieu, et le milieu le commencement ; tout ceci est sage, mais il ne s'ensuit pas que pour avoir raison, il suffise de se taire.

Il faut savoir se taire, et se taire tout à fait, ceci est de règle, dès que l'on n'a rien de bon à dire. Mais par la même raison, il faut savoir parler et s'exprimer dès qu'il est convenable et utile qu'on se prononce. Parler, dès lors, est un devoir.

Soutenir de sa parole une bonne cause, la cause du droit, du faible, de l'opprimé, porter témoignage à la vérité, faire comprendre à son prochain ce qu'il lui est bon de savoir, répandre la science, les notions du juste, l'amour du vrai, la haine du mal, questionner pour s'instruire ou répondre pour instruire les autres, c'est meilleur, et puisque c'est meilleur, c'est plus beau que de se renfermer dans un dédaigneux, dans un égoïste silence.

Si le silence est d'or, la parole bien employée est de diamant.

STAHL.

Qui parle beaucoup dit beaucoup de sottises.

CORNEILLE.

D'ennuyeux bavards sont de sots livres qu'on n'a pas la ressource de fermer quand on veut.

...

Peu parler et faire beaucoup, voilà le partage des âmes droites.

FÉNELON.

Il faut se taire ou dire des choses qui valent mieux que le silence.

Proverbe grec.

La véritable éloquence consiste à dire tout ce qu'il faut et à ne dire que ce qu'il faut.

LA ROCHEFOUCAULD.

Les paroles dont la simplicité est à la portée de tout le monde et dont le sens est profond sont les meilleures.

MENCIUS.

La langue des sages embellit la science; mais de la bouche des sots la sottise jaillit en cascade.

SALOMON.

Dire et parler ne sont pas synonymes ; beaucoup disent pour parler, peu parlent pour dire.
GRIMM.

L'on se repent rarement de parler peu, très souvent de parler trop.
LA BRUYÈRE.

Écouter beaucoup, parler peu et ne rien dire dont on puisse avoir sujet de se repentir.
LA ROCHEFOUCAULD.

Il faut tourner sept fois sa langue dans sa bouche avant de parler.

Langue longue est signe de main courte.
Proverbe espagnol.

La parole est d'argent, le silence est d'or.
Apophtegmes arabes.

L'enfant raisonneur devient rarement un homme distingué dans l'action.
MARION.

Le silence, non seulement ne cause pas la soif, mais encore n'occasionne ni peine, ni douleur.
HIPPOCRATE.

Le silence est le parti le plus sûr de celui qui se défie de soi-même.
LA ROCHEFOUCAULD.

Trop de paroles pour expliquer une pensée remarquable, c'est une pièce d'or changée en monnaie de billon.
BEAUMARCHAIS.

Quand un mot est une fois échappé, un char de quatre chevaux ne pourrait l'atteindre. Sache donc veiller sur tes paroles.
Pensée chinoise.

Parler à propos vaut mieux que parler éloquemment.

Balthazar GRACIAS.

Pour bien parler, il faut parler peu.

Christine DE SUÈDE.

L'homme n'a qu'une langue et deux oreilles : parle donc peu et écoute beaucoup.

NABI-EFFENDI et ZÉNON.

Dans le doute, abstiens-toi.

Le railleur s'attire toujours quelque mauvaise affaire et le grand parleur ne manque jamais d'ennemis.

Pensée chinoise.

Il est bon de parler et meilleur de se taire.

LA FONTAINE.

Ne parlez pas d'une chose que vous ne voudriez pas avoir dite le lendemain.

Pensée arabe.

Celui qui dit ce qui lui plait entendra des choses qui ne lui plairont pas.

Proverbe latin.

Un mot échappé s'envole et ne revient plus.

HORACE.

A force de parler, on change l'or de la pensée en petite monnaie, jusqu'à ce qu'on semble pauvre.

Carmen SYLVA.

Qui veut trop prouver, ne prouve rien.

Le bavard est comme l'horloge à midi : il ne dit pas moins de douze niaiseries à la fois (1).
ROJAS.

Inutile de bien parler, si ce que l'on dit est sans action.
OHMAR.

Malheur à qui dit tout ce qu'il peut dire.
VOLTAIRE.

Beau parler n'écorche point la langue.
Il ne saura pas parler celui qui ne sait pas se taire.
MOLIÈRE.

Prends garde qu'en parlant beaucoup, tu ne laisses échapper quelque secret.
CLÉOBULE.

Ne dites pas tout ce que vous savez, car celui qui dit tout ce qu'il sait dit souvent ce qu'il ne doit pas dire.
Précepte arabe.

Quand d'autrui tu parleras, songe à toi ; tu te tairas.
Proverbe.

CXXX

PATIENCE

Avec du temps et de la patience, la feuille de mûrier devient robe de satin.
Proverbe oriental.

---

(1) Variante humoristique :
Comme la vigne, la parole a sa maladie qu'on pourrait appeler le *prolivera*.
Fred. THOMAS.

Ne coupez pas ce que vous pouvez dénouer.

JOUBERT.

Nous devons supporter avec patience ce que nous ne pouvons changer, ni en nous-mêmes ni dans les autres.

...

La patience et l'espoir marchent ensemble quoique la première chemine à pas lents et que le second marche à grandes enjambées.

...

La patience est un arbre dont la racine est amère et dont les fruits sont très doux.

Maxime persane.

Le temps est l'outil que l'homme reçoit pour faire son œuvre, la patience en est le manche.

Henri MURGER.

L'école la plus nécessaire pour les enfants est celle de la patience.

Jean-Paul RICHTER.

La patience est un remède pour tous les maux.

P. SYRUS.

Le malheur doit se faire l'esclave de la patience.

...

Quand vous êtes enclume, prenez patience : quand vous êtes marteau, frappez droit et bien.

...

Il faut avoir patience avec soi-même et ne se rebuter jamais.

FÉNELON.

La patience est l'art d'espérer.

VAUVENARGUES.

Patience et longueur de temps font plus que force ni que rage.

LA FONTAINE.

La patience est la clef de toutes les portes et le remède à tous les maux.

Maxime.

La patience émousse peu à peu les aspérités les plus rudes ; que rien donc ne l'épuise en vous.

LAMENNAIS.

Le génie est une longue patience.

BUFFON.

La patience vient à bout de tout.

...

La source de nos découragements est souvent dans notre impatience.

Ernest NAVILLE.

L'impatience ne délivre d'aucun mal ; au contraire, c'est un mal très cuisant que l'on ajoute à tous les autres pour s'accabler.

FÉNELON.

L'impatience aigrit et aliène les cœurs, la douceur les ramène.

Mme DE MAINTENON.

Faites-vous une étude de la patience et sachez céder par raison.

Mme DE LAMBERT.

Les hommes du meilleur commerce sont les plus patients.

Abbé DE SAINT-PIERRE.

Les plus patients dans le commerce de la vie sont les plus heureux.

Abbé DE SAINT-PIERRE.

Les plus grands hommes sont les plus patients.
Abbé de Saint-Pierre.

Tout vient à point à qui sait attendre.
Proverbe.

Quand un ennui vient loger chez toi, reçois-le patiemment.
Meidani.

Vous avez tort de mériter des réprimandes, vous avez un nouveau tort de ne savoir pas les supporter.
…

Quels que soient les humains, il faut vivre avec eux.
Gresset.

Supporter et se supporter, c'est la plus sage des choses.
Eugénie Guérin.

Celui qui ne supporte rien n'est pas lui-même supporté.
P. Janet.

Les oiseaux sont faits pour voler ; mais attendez qu'ils aient des plumes.
Viennet.

Avec du temps et de la patience, une souris coupe un cable, et de petits coups répétés abattent un chêne.
…

La pierre même sera creusée si la fourmi y grimpe continuellement.
Van der Haeghen.

Il faut attendre pour cueillir la poire qu'elle soit mûre.
Proverbe.

Les grains de sable font les montagnes, les moments font l'année, et les bagatelles font la vie.

Proverbe.

L'homme sans patience est une lampe sans huile.

A. DE MUSSET.

CXXXI

PATRIE

I. LA PATRIE EN GÉNÉRAL

Un peuple nous entoure qui parle notre langue, qui respire le même air que nous, qui habite le même sol, dont les pères ont vécu avec nos pères; il est soumis aux mêmes lois; il est défendu par les mêmes frontières, il s'abrite sous les plis du même drapeau; un même nom le désigne, et ce nom est aussi le nôtre. La terre où ce peuple habite, c'est notre patrie. Terre bien aimée qui as été notre berceau, qui recèles dans ton sein la tombe de nos parents, de nos amis, de nos proches, et qui recevras probablement nos restes; terre où nous avons vu les premiers printemps s'épanouir, où nous avons balbutié les premiers bégaiements, joué nos premiers jeux, ouvert nos yeux à la lumière et notre intelligence au savoir, terre où nous avons connu les plus doux sentiments qui embellissent l'existence, où nous avons souffert aussi, terre que nous avons arrosée de nos sueurs, de nos larmes, terre de nos aïeux, terre de nos enfants, ô patrie, que tu nous parais belle entre toutes et par quels liens puissants nos cœurs te sont attachés !

STEEG.

Nous aimons la terre qui nous a vus naître comme nous aimons notre mère.

RENAN.

Rien de grand ne se fera si l'âme de la nation ne respire dans les plis du drapeau.

E. QUINET.

Une nation est une grande solidarité instituée par le sentiment des sacrifices qu'on a faits et de ceux qu'on est disposé à faire encore.

E. RENAN.

Il y a une patrie dans la patrie : c'est la ville qui vous a vu naître.

LAMARTINE.

La loi, c'est la patrie elle-même ordonnant à chacun de respecter la vie, les biens, la liberté, la conscience, la croyance de chacun et de tous au nom de la justice.

LÉVÊQUE.

La patrie, c'est la nation qu'il faut aimer, honorer servir et défendre.

CORMENIN.

La patrie est le toit, le foyer, le berceau,
Le clocher d'une église, un verger, un ruisseau,
Une fleur, un ramier qu'on écoute à l'aurore.

H. VIOLEAU.

On n'emporte pas la patrie à la semelle de ses souliers.

DANTON.

Il faut que la patrie soit sentie dans l'école.

MICHELET.

En fait de souvenirs nationaux, les deuils valent mieux que les triomphes: la souffrance en commun unit plus que la joie.

E. RENAN.

A tous les cœurs bien nés, que la patrie est chère !

VOLTAIRE.

Soldats et généraux sont égaux dans la gloire.
Pour couvrir ses enfants le drapeau n'a qu'un pli.

...

Je voudrais que les noms de ceux qui meurent pour la patrie fussent conservés dans les temples et écrits dans des registres qui fussent comme la source de la gloire et de la noblesse.

MONTESQUIEU.

CXXXII

PATRIE

II. LA FRANCE, LA RÉPUBLIQUE.

Être citoyen d'un pays libre et avoir la pleine responsabilité de ses actes; être les fils d'une patrie glorieuse et vaincue, travailler à lui rendre sa grandeur et son rang dans le monde; être les fils d'une patrie qui est la France, et, en combattant pour elle, combattre pour la raison et l'humanité.

L. BOURGEOIS.

La République est le régime de la dignité humaine, le régime de la volonté nationale. C'est le régime qui peut seul supporter la liberté de tous ; qui seul peut faire les affaires d'un peuple qui a besoin de communiquer avec lui-même, de se réunir, de s'associer, d'exiger des comptes, de critiquer, d'examiner, en un mot, de diriger ses propres intérêts et de changer ses intendants quand ils ont mal agi. Voilà le régime républicain.

Gambetta.

Tu n'oublieras jamais que ta mère est la France.

Michelet.

La France est le plus beau royaume après celui des cieux.

Grotius.

Tout homme a deux patries : son pays et la France.

...

Tout homme doit aimer sa patrie, et c'est une des plus douces que la nôtre et des mieux faites pour être aimée, et tout homme doit l'aimer plus encore lorsqu'elle est malheureuse, et la nôtre n'est pas consolée.

Léon Bourgeois.

Le devoir d'une grande démocratie est de relever le niveau de ce qui est en bas, mais non d'abaisser les sommets.

Compayré.

Dans l'air que respire tout homme civilisé, il y a quelque chose de la France.

Fallières.

Sois fils et frère jusqu'au bout,
Sois ma joie et mon espérance ;
Mais souviens-toi bien qu'avant tout,
Mon fils, il faut aimer la France.

V. de Laprade.

C'est être un mauvais citoyen, c'est ne pas aimer la France que de ne pas avoir dès l'école l'amour du bien et du bon, l'amour du devoir.

STAHL.

CXXXIII

III. PATRIE (devoirs envers la)

Si vous aimez votre patrie, vous obéirez sans peine aux lois qui sont promulguées en son nom. Elle a besoin du concours de ses enfants, même des plus humbles. Ce sont vos bonnes volontés, vos efforts, vos vertus qui lui conserveront sa grandeur et sa force.

Vous lui devez d'être dès maintenant des écoliers laborieux, pour devenir un jour des citoyens utiles.

D'après MÉZIÈRES.

Celui qui n'aime pas sa patrie absolument, aveuglement, bêtement, ne sera jamais que la moitié d'un homme.

E. ABOUT.

Servir sa patrie par amour pour elle et se trouver suffisamment récompensé quand on l'a servie.

LAKANAL.

Un peuple peut rester grand et fort, soit que la fortune l'ait trahi ou que le nombre l'ait vaincu, s'il conserve le sentiment et la douleur de sa défaite ; s'il l'oublie et s'en accommode, c'est fait de lui pour jamais.

ARMAND CARREL.

Tu vis dans les cœurs, amour de la Patrie.
COPPÉE.

Nous ne sommes pas nés pour nous, mais pour la Patrie.
CICÉRON.

Mourir pour son pays est un si digne sort,
Qu'on briguerait en foule une aussi belle mort.
CORNEILLE.

S'il est doux de mourir pour la patrie, il ne l'est pas moins de vivre pour elle, de lui consacrer son temps, ses forces et le meilleur de son cœur.
MICHELET.

Il est beau pour l'homme brave de tomber au premier rang en combattant pour sa patrie.
TYRTÉE.

On agit contre la nature toutes les fois que l'on combat contre la Patrie.
FÉNELON.

CXXXIV

PÈRE ET MÈRE (devoirs envers les)

Chéris ta mère, ô mon enfant, mais aussi ton père ; il est ta force, ton appui, l'intermédiaire entre toi et cette société où, sans lui, tu manquerais de rôle. Ne te hâte pas de le juger, défère toujours à ses avis : sa vue plus exercée que la tienne découvre dans l'avenir ce que tu ne saurais même y soupçonner. Enfant, penses-y bien, le visage que tu voudrais le moins rencontrer si tu étais coupable, ce serait celui de ton père.

J. LA BEAUME.

Honore tes père et mère.

Bible.

Nos père et mère sont nos premiers amis.

SILVIO PELLICO.

Ne te dispute pas avec tes père et mère, même si tu as raison.

PITTACUS.

L'enfant doit honneur et respect à ses père et mère.

Code civil.

Enfants, apprenez quels sont vos devoirs envers vos parents, car vous ne serez heureux qu'en y restant fidèles.

LAMENNAIS.

Nous sommes tenus, à l'égard de nos parents, à la reconnaissance, au respect, à l'amour, à l'indulgence.

SILVIO PELLICO.

Enfants, quelque irrité que vous paraisse un père,
Croyez qu'il est toujours votre ami le plus doux.
Son cœur, en vous montrant un courroux nécessaire,
Le fait pour votre bien et souffre plus que vous.

MOREL DE VINDÉ.

Dans la vieillesse de vos parents, souvenez-vous de votre enfance.

SAINT-LAMBERT.

Soignons la vieillesse de nos parents comme ils ont soigné notre enfance.

L'amitié des frères fait le bonheur des parents.

CXXXV

PERFECTION

Il n'y a rien de fait tant qu'il reste quelque chose à faire.

NAPOLÉON Ier.

Le but de l'humanité, ce n'est pas le bonheur, c'est la perfection intellectuelle et morale.

E. RENAN.

La vocation de l'homme est de monter toujours.

RICHTER.

Les deux sciences les plus utiles et les plus négligées sont la culture de l'homme et celle de la terre.

L'abbé GRÉGOIRE.

La vie ne doit être qu'une éducation incessante : il faut tout apprendre, depuis parler jusqu'à mourir.

FLAUBERT.

Le besoin que nous éprouvons d'une infinie perfection, n'est pas une vaine rêverie, un luxe de la pensée ; c'est le plus noble et le plus légitime de nos besoins.

GIORDANO BRUNO.

— Un diamant brut ne saurait servir d'ornement ; il faut le polir et le mettre en œuvre pour le faire paraître avec avantage. Il en est de même avec les bonnes qualités de l'âme.

LOCKE.

Il est plus utile de bien cultiver son jardin que de l'agrandir.

CH. BIGOT.

Quiconque a soif de devenir meilleur a, dans ce désir, la garantie que ses efforts ne lui seront pas inutiles.

CHANNING.

CXXXVI

PERSÉVÉRANCE

(V. Constance, Patience.)

Bernard Palissy, au xvie siècle, découvrit le secret des faïences peintes. Pour arriver à ce résultat, il passa des jours et des nuits de recherche et de travail. Il y épuisa ses dernières ressources, essuya les railleries de ses voisins, les injures de sa femme. Il supporta tout. Un jour, il dût même jeter au feu son mobilier pour ne pas laisser éteindre le four où cuisaient ses poteries émaillées. Sa persévérance fut couronnée de succès.

Apologue. Une souris était tombée dans une jatte pleine de crème. La pauvre petite nageait, nageait, nageait pour sortir de cet océan. Elle battit de la sorte tant et si bien la crème qu'elle la convertit en beurre, et alors elle put sortir de la jatte.

N'ayez pas besoin d'espérer pour entreprendre ni de réussir pour persévérer.

...

Toutes choses deviennent possibles pour quiconque les considère comme telles.

CHANNING.

Pour réussir dans un art, il faut le cultiver toute sa vie.

VOLTAIRE.

Il n'est pas si difficile de faire un sacrifice que de le soutenir.

O. FEUILLET.

Presque tout le monde est capable d'un élan, d'un acte de bonté, d'héroïsme momentané. C'est à la continuité qu'on reconnaît les grandes âmes.

O. CHANTAL.

Hâtez-vous lentement, et sans perdre courage,
Vingt fois sur le métier remettez votre ouvrage.

BOILEAU.

Si vous ne pouvez venir à bout de tout, ce n'est pas une raison pour abandonner tout.

...

Entreprends lentement, mais quand tu as commencé, persévère.

BIAS.

Quiconque cesse de lutter, recule. Le juste est celui qui extirpe chaque jour l'iniquité du jour.

GRATRY.

L'eau qui tombe goutte à goutte finit par creuser la pierre.

ROJAS.

La persévérance vient à bout de tout.

Proverbe.

Paris n'a pas été fait en un jour.

Proverbe.

Petit à petit l'oiseau fait son nid.

Proverbe.

Les petits ruisseaux font les grandes rivières.

Proverbe.

Les grands travaux s'exécutent non par la force, mais par la patience.

Johnson.

CXXXVII

PITIÉ

La pitié est un sentiment de peine et le désir de porter secours que fait éprouver le spectacle d'une souffrance.

La pitié vient du cœur, c'est dire qu'elle ne procède pas du raisonnement; mais lorsqu'elle a résisté au raisonnement, elle est l'une des plus touchantes expressions de la charité.

La Beaume.

Chaque larme qui tombe est une goutte de rosée qui fera éclore un sourire.

G. Droz.

La pitié est la plus noble et la meilleure passion du cœur humain.

Hume.

Pensez aux maux dont vous êtes exempt.

Joubert.

CXXXVIII

POLITESSE

La vraie politesse peut être définie : la bienveillance dans les petites choses. Elle consiste à préférer les autres à nous-mêmes, chaque jour, à toute heure, dans le commerce de la vie. C'est une attention perpétuelle aux besoins de ceux avec lesquels nous vivons. Les saluts cérémonieux, les compliments formalistes, les raides civilités ne sont pas de la politesse. La vraie politesse est aisée, naturelle, non étudiée, virile, noble. Elle ne peut naître que d'un esprit bienveillant qui s'exerce à montrer continuellement dans les bagatelles une disposition aimable envers tous ceux qui ont rapport avec nous.

Lord Chatham.

La politesse est un fonds qui ne coûte rien et qui rapporte beaucoup.

Stahl.

La politesse fait partie de la probité comme l'orthographe du style.

Jules Troubat.

La politesse est à la bonté ce que les paroles sont à la pensée.

Joubert.

La vraie politesse est franche, sans apprêt, sans étude, sans morgue, et part du sentiment intérieur de l'égalité naturelle ; elle est la vertu d'une âme simple, noble et bien née.

D'Alembert.

L'esprit de politesse est une certaine attention à faire que, par nos paroles et par nos manières, les autres soient contents de nous.

LA BRUYÈRE.

La politesse est le lien de toute société, et il n'y en a aucune qui puisse durer sans elle.

VAUVENARGUES.

La civilité est une partie de l'honnêteté.

JOUBERT.

La politesse de l'esprit consiste à penser des choses honnêtes et délicates.

LA ROCHEFOUCAULD.

La politesse est une monnaie destinée à enrichir celui qui la dépense.

Proverbe persan.

La politesse fait paraître l'homme au dehors comme il devrait être intérieurement.

LA BRUYÈRE.

La politesse et la complaisance ont le secret de se faire ouvrir les portes qui restent parfois fermées à l'esprit, à la science, au talent.

...

N'estimez que le jeune homme que les vieillards trouvent poli.

JOUBERT.

La politesse est à l'esprit
Ce que la grâce est au visage,
De la bonté du cœur, elle est la douce image :
Et c'est la bonté qu'on chérit.

VOLTAIRE.

La politesse est comme le piano, si on ne l'apprend pas de bonne heure, on ne l'apprendra jamais.

E. LEGOUVÉ.

La politesse est la fleur de l'humanité. Qui n'est pas assez poli n'est pas assez humain.

JOUBERT.

L'éducation peut se résumer en ce seul précepte : sachez vous mettre à la place de votre prochain.

Carmen SYLVA.

Savoir se gêner est une des premières choses qu'on doive apprendre, parce qu'il n'est ni un rang, ni un état dans la vie où il ne faille se gêner.

DIDEROT.

Qui ne se gêne pas, gêne autrui.

Comtesse DIANE.

Les manières polies donnent cours au mérite, et le rendent agréable.

LA BRUYÈRE.

On doit être poli chez soi parce qu'on y exerce l'hospitalité, et poli chez les autres parce qu'on l'y reçoit.

LATENA.

Les politesses sont une monnaie qui ne coûte rien à donner et qui fait plaisir à recevoir.

Proverbe persan.

Dans une société, ne prenez personne à l'écart. Prenez le ton de la compagnie plutôt que de le lui donner.

CHESTERFIELD.

CXXXIX

PROBITÉ

Fuyez le vol sous toutes ses formes, ayez pour la propriété d'autrui un respect poussé jusqu'au scrupule : sans doute la richesse est précieuse, mais l'honnêteté vaut encore mieux. En tout cas, n'allez à la richesse que par des moyens justes et avouables, le travail : vous aurez beau nager dans l'opulence ; si votre fortune est faite de la ruine des autres, vous ne serez pas heureux. Souvenez-vous du proverbe : Bien mal acquis ne profite pas.

E. RAYOT.

Sans la probité, aucune qualité n'a de valeur.

WASHINGTON.

La probité est un attachement à toutes les vertus civiles.

VAUVENARGUES.

De toutes les qualités qui peuvent conduire un pauvre homme à la fortune, celles qui ont les meilleures chances de succès sont la probité et l'intégrité.

FRANKLIN.

La probité est la vertu des pauvres.

DUCLOS.

La probité est une vertu si délicate et si scrupuleuse qu'elle s'effarouche de l'ombre même d'un soupçon.

La probité se venge en conduisant pas à pas d'une faute à un crime.

LAMARTINE.

Qui veut s'enrichir en un an risque de se faire pendre en six mois.

CXL

PROMESSE

Mieux vaut ne pas promettre que de ne pas tenir, et c'est ne pas tenir que de faire plus tard qu'on ne l'avait promis.

LA BEAUME.

Entre honnêtes gens, les promesses sont des dettes.

A. TOURNIER.

Chose promise, chose due.

Proverbe.

A gens d'honneur, promesse vaut serment.

VOLTAIRE.

N'écoutez point qui promet trop :
C'est le conseil de la sagesse.

SAULIÈRE.

Il ne faut jamais
Vendre la peau de l'ours qu'on ne l'ait mis en terre.

LA FONTAINE.

CXLI

PROPRETÉ

(V. *Costume*, *Maintien*)

Les gens malpropres compromettent infailliblement leur santé, et non seulement leur santé, mais leur intelligence ; car la propreté est l'une des conséquences de l'idée d'ordre, et l'idée d'ordre est à elle seule l'intelligence tout entière. Puis, et sans aller chercher ses motifs aussi haut, comment se plaire avec une personne dont l'aspect répugne ! Les pauvres, les misérables eux-mêmes, qui prétendent n'avoir ni les moyens, ni le temps pour conserver sur eux et autour d'eux une certaine propreté, exciteraient plus de bienveillance s'ils voulaient secouer un peu leur apathie, et se persuader qu'une pièce vaut mieux qu'un trou, et qu'un trou vaut cent fois mieux qu'une tache, et qu'en somme il ne faut qu'un peu d'eau pour tenir propres et exempts de mauvaises odeurs, les mains, le visage et tout le reste du corps.

J. LA BEAUME.

Une laideur propre vient à bout d'être avenante ; la beauté sale ne sera jamais qu'un monstre.

***

On n'imagine pas plus facilement une âme sans tache dans un corps malpropre, qu'une eau pure dans un vase immonde.

***

ET DE MAXIMES MORALES

Je ne sais comment on peut se dispenser de propreté et de civilité, quand il ne faut qu'un verre d'eau pour être propre et un coup de chapeau pour être poli.

HENRI IV.

Ce qu'est la pureté (1) pour l'âme, la propreté l'est pour le corps.

ÉPICTÈTE.

Laver souvent les mains est une propreté
Qui contribue à la santé.

Aphor. de l'École de Salerne.

Pauvreté n'est pas vice, malpropreté l'est.

CXLII

PRUDENCE

La prudence n'est pas la timidité; celle-ci hésite encore en accomplissant l'acte sur lequel la prudence a médité longtemps et qu'elle exécute ensuite avec résolution. (La Beaume). La prudence n'est pas non plus la méfiance, encore moins l'hypocrisie et la malhonnêteté.

Sois adroit, mais droit.

---

(1) La Rochefoucauld a dit ensuite : La propreté est au corps ce que l'amabilité est à l'âme ;

Et Jules Janin, avec une légère variante : La propreté est au corps ce que la décence est à l'âme.

La prudence et le courage vont ensemble et, se prêtant un mutuel appui, triomphent de tous les obstacles.

...

La prudence est une prévoyance raisonnable.

VAUVENARGUES.

Qui veut voyager loin ménage sa monture.

Proverbe.

En toute chose, il faut considérer la fin.

LA FONTAINE.

Prudence est mère de sûreté.

Proverbe.

Femme prudente et sage
Est l'ornement de son ménage.

COTGRAVE.

Les grands vaisseaux peuvent s'aventurer au large, mais les petits bateaux doivent se tenir près du rivage.

FRANKLIN.

Ouvre un œil pour vendre, deux pour acheter.

...

La prudence n'est pas de ne rien tenter, mais de savoir oser à propos.

Em. DE GIRARDIN.

Il ne faut pas s'abstenir de semer par crainte des pigeons.

Proverbe.

CXLIII

PUNITION

(Sanction).

La punition boite, mais elle arrive.

Proverbe.

La peine suit le crime, elle arrive à pas lents.

VOLTAIRE.

On est souvent puni par où l'on a péché.

Proverbe.

Chacun est le fils de ses œuvres.

CXLIV

RAISON

La raison est la faculté qui nous permet de distinguer le vrai du faux, de combiner les moyens pour arriver à un but. C'est la conscience de l'intelligence. Si nous agissons contre la raison, nous en sommes toujours punis par un désagrément, une perte, un accident, un échec.

Si vous ne voulez pas écouter la raison, elle ne manquera pas de vous donner sur les doigts.

FRANKLIN.

La raison l'emporte sur les autres vertus autant que la vue sur les autres sens.

Solon.

La raison nous commande bien plus impérieusement qu'un maître ; en désobéissant à l'un, on est malheureux ; en désobéissant à l'autre, on est un sot.

Pascal.

Il n'y a de durable que ce que consacre la raison, et il n'y a de triomphe que par le droit et la liberté.

Jules Favre.

CXLV

RECONNAISSANCE

(V. *Bienfaiteur*.)

« La reconnaissance est la mémoire du cœur. » Comment dire mieux, comment dire autrement avec autant d'éloquence ? Remarquons seulement que le cœur n'inspire pas de longs discours ; prouvons notre reconnaissance, n'en parlons pas ; agissons, ne nous vantons pas.

J. La Beaume.

Si tu fais le bien, oublie-le ; mais si l'on t'en fait, souviens-t'en toujours.

Maxime orientale.

Il n'y a que celui qui mérite un bienfait, qui sache s'en souvenir.

La reconnaissance est la mémoire du cœur.

MASSIEU.

La reconnaissance est comme l'amitié, elle n'a pas d'âge.

LAMARTINE.

La reconnaissance est pareille à cette liqueur d'Orient qui ne se garde que dans des vases d'or; elle parfume les grandes âmes, elle s'aigrit dans les petites.

J. SANDEAU.

Il faut que celui qui reçoit sente que c'est un cœur fraternel qui lui donne.

STAHL.

Redoublez d'égards pour l'homme que vous avez obligé, et d'amour pour l'homme qui vous oblige.

SAINT-LAMBERT.

Quand je rencontre beaucoup de reconnaissance chez un homme pauvre, je me dis qu'il y aurait en lui autant de générosité s'il était riche.

...

CXLVI

RÉFLEXION

Quand on commence une chose trop vite, on met plus de temps à l'achever.

Proverbe latin.

Le trop de promptitude à l'erreur nous expose.

CORNEILLE.

Parler sans réfléchir, c'est tirer sans viser.

Proverbe.

Agir sans réfléchir, c'est se mettre en voyage sans avoir fait de préparatifs.

Moralistes anciens.

Les pensées de l'homme réfléchi le conduisent à l'abondance; celles de l'étourdi, à la misère.

SALOMON.

CXLVII

RÉPUTATION

(V. *Honneur*.)

La bonne renommée vaut mieux que la richesse. La ceinture dorée est prise ici comme le symbole de la magnificence dans les vêtements, de la richesse.

La bonne réputation, fondée sur le mérite personnel et sur la vertu, a plus de valeur que la richesse qui peut n'être qu'un don du hasard, ou même le fruit de mauvaises actions.

L. MARTEL.

Bonne renommée vaut mieux que ceinture dorée.

Proverbe.

La bonne réputation est le plus magnifique tombeau que l'on puisse avoir.

J.-J. ROUSSEAU.

La bonne renommée est une récompense et une chaîne; si l'on en profite, elle vous engage. Ce sont comme des arrhes reçues du public et qui obligent à faire son devoir.
E. SOUVESTRE.

Rien n'est si utile que la réputation, et rien ne donne la réputation si sûrement que le mérite.
VAUVENARGUES.

Quelque honte que nous ayons méritée, il est presque toujours en notre pouvoir de rétablir notre réputation.
LA ROCHEFOUCAULD.

Bon vin n'a pas besoin d'enseigne.
Proverbe.

Bon renom vaut un héritage.
Proverbe.

La bonne renommée vaut mieux que le bon parfum.
Bible.

J'aime mieux être approuvé par un honnête homme que par un grand nombre de méchants.
ÉPICTÈTE.

Mieux vaut pour le bonheur une honorable réputation qu'une grande célébrité.
...

Il faut soigner sa réputation pour que la médisance ne la ternisse pas.
C. RODIER.

Un gain qui nuit à la réputation est une véritable perte.
P. SYRUS.

La mauvaise renommée est un fardeau léger à soulever, lourd à porter, difficile à déposer.
HÉSIODE.

CXLVIII

RÉSIGNATION

(V. *Courage.*)

Il ne faut pas se laisser abattre par la mauvaise fortune. Il ne faut pas laisser lire sur son visage le désappointement qu'on éprouve.

L. Martel.

Il faut faire, contre mauvaise fortune, bon cœur.

Proverbe.

Si nous pouvions accepter nos malheurs avec calme, ils ne seraient pas si durs à supporter.

Gordon.

La résignation rend plus faciles à supporter les inconvénients qu'on ne peut corriger.

Horace.

La résignation est peut-être le genre de courage le plus rare.

Droz.

Quand on n'a pas ce que l'on aime, il faut aimer ce que l'on a.

Proverbe.

Il faut vouloir ce qu'on ne peut empêcher.

Proverbe.

Il faut supporter, sans récriminer, ce qu'on ne peut éviter.

Proverbe latin.

Où la chèvre est attachée, il faut qu'elle broute.
Proverbe.

Ne méprise pas ta situation; c'est là qu'il faut agir, souffrir et vaincre.

CXLIX

RÉSOLUTION

(V. *Courage, Persévérance.*)

Prenez la résolution de faire ce que vous devez, et faites sans y manquer ce que vous avez résolu.
Franklin.

Les gens irrésolus laissent geler leur soupe dans le trajet de l'assiette à la bouche.
Cervantès.

Quand nous déferons-nous de cette détestable habitude de ne rien faire parce que nous ne pouvons pas tout faire, de nous croiser les bras parce qu'ils tomberont de fatigue avant que tout soit accompli.
T. Colani.

CXL

RESPECT

Le respect d'autrui est naturel à quiconque a le sentiment de sa dignité personnelle. On peut s'avilir comme on peut s'élever dans ses semblables.

Celui donc qui ne respecte rien, n'aime et n'admire rien, car le fond de l'amour comme le fond de l'admiration, c'est le respect, et celui-là se ferait une étrange illusion qui se croirait aimé, s'il ne se sentait en même temps digne d'être respecté.

Par respect, il ne faut point entendre la crainte du plus fort, la soumission du faible au puissant, mais bien le respect intime du droit, du caractère et de la personne de chacun. Or le respect est dû à la faiblesse surtout, au petit, au pauvre, au malheureux. Otez-leur, aux déshérités de ce monde, cette garantie de leur droit à cette fraternité du respect, que leur resterait-il, je vous prie ?

STAHL.

Celui qui n'a point éprouvé de vénération dans sa jeunesse ne sera point lui-même l'objet de la vénération dans ses vieux jours.

P. JANET.

Le respect est le sentiment de la supériorité d'autrui.

VAUVENARGUES.

Le respect est une barrière qui protège également le grand et le petit ; chacun de son côté peut se regarder en face.

BALZAC.

Le respect n'exclut pas la dignité chez l'inférieur ; il constitue même la véritable dignité de l'obéissance.

JURIEN DE LA GRAVIÈRE.

Variante de Duclos :
Le respect n'est autre chose que l'aveu de la supériorité de quelqu'un.

Respecte celui qui est plus âgé que toi ; enseigne celui qui est plus jeune.

ROLLIN.

On doit des malheureux respecter la misère.

CRÉBILLON.

CLI

RICHESSE

(V. *Biens, Fortune*, etc.)

Trêve de beaux discours ! philanthropes heureux, vous qui êtes sûrs de dîner ce soir et de déjeuner demain. Faites l'aumône, soyez charitables d'abord, vous prêcherez ensuite aux pauvres le courage, la patience, les douceurs de la médiocrité et le mépris de la richesse.

J. LA BEAUME.

Le bonheur des riches ne consiste pas dans les biens qu'ils ont, mais dans le bien qu'ils peuvent faire.

FLÉCHIER.

On est riche de ce que l'on donne, on est pauvre de ce qu'on refuse.

Mme SCHWETCHINE.

La richesse n'est bien supportée que par ceux qui l'ont bien acquise.

D. NISARD.

Celui-là est riche qui reçoit plus qu'il ne consume. Celui-là est pauvre dont la dépense excède la recette.

LA BRUYÈRE.

Soyez riches pour autrui et vous sentirez se doubler votre richesse.

BEN-SIRA.

Il n'y a pas de riche qui ne puisse recevoir, ni de pauvre qui ne puisse donner.

...

Confondre la richesse avec le bonheur, c'est prendre le moyen pour le but.

...

CLII

SAGESSE

La sagesse pratique est l'accord de la conduite avec le raisonnement éclairé par l'expérience et dirigé par la conscience. Elle est moins à viser d'emblée à la perfection qu'à s'amender peu à peu; moins à douter ou à croire avant ou après examen qu'à procéder de bonne foi à cet examen; moins à savoir beaucoup qu'à bien savoir le peu qu'on sait; moins à tourner les difficultés ou à se roidir contre elles qu'à bien considérer si ce sont vraiment des difficultés; moins, enfin, à se contenter de peu qu'à se contenter de ce qu'on a.

J. LA BEAUME.

Ne va pas croire qu'il y a des gens plus heureux que les sages et les bons.

HORACE.

L'homme sage ne désire que ce qu'il peut acquérir avec justice et ce qu'il peut distribuer aux autres.

***

La sagesse, peut-être, c'est de savoir se passer du monde ; la folie, c'est assurément de croire qu'il ne saurait se passer de vous.

Louis DÉPRET.

Il n'y a rien d'étranger ni d'impossible à l'homme sage.

ANTISTHÈNE.

Un homme ne devrait jamais avoir honte d'avouer qu'il a été dans l'erreur ; c'est dire, en d'autres termes, qu'il est plus sage aujourd'hui qu'il ne l'était hier.

POPE.

Ce sont les gains légers qui rendent la bourse pesante ; car les petits gains reviennent souvent au lieu que les grands arrivent rarement.

BACON.

Il est sage d'interroger nos heures passées, leur réponse forme ce que l'on nomme l'expérience.

YOUNG.

Le sage se repose en changeant de travail.

BIOSTE.

Supporter et se supporter, c'est la plus sage des choses.

Eugénie de GUÉRIN.

Le sage est ménager du temps et des paroles.

V. HUGO.

Les sages sont ceux qui s'instruisent par les malheurs d'autrui.

FRANKLIN.

Le sage est l'artisan de sa fortune.
>	PLAUTE.

Le sage sait bien qu'il ne sait pas; le fou pense tout savoir.
>	Proverbe espagnol.

Dans les choses même les plus honnêtes, il est un terme où le sage doit s'arrêter.
>	JUVÉNAL.

CLIII

SANTÉ

La santé est le premier des biens; lorsqu'on en est privé, on ne peut accomplir la plupart de ses devoirs. Nous devons donc soigner notre santé, même au point de vue de la morale. Mais prenons garde de refuser un service, un secours, d'esquiver un devoir, une obligation, sous un prétexte de santé. Soigner sa santé, c'est sagesse : en être esclave, c'est souvent paresse et poltronnerie.

Négliger de s'occuper de sa santé, c'est mal faire; s'en occuper trop, c'est bien pis.
>	BEAUCHÊNE.

Il faut entretenir la vigueur du corps pour conserver celle de l'esprit.
>	VAUVENARGUES.

La santé dépend plus des précautions que des remèdes.
>	BOSSUET.

La santé est comme une tirelire, on ne sait jamais ce qu'elle contient de valeur que quand elle est brisée.

...

CLIV

SAVOIR

(V. *Étude, Science*).

Savoir, c'est la fortune de l'âme et sa liberté; savoir, c'est posséder l'espace et le temps, c'est agrandir notre étroit horizon de tout l'aspect de l'univers; savoir, c'est vivre.
Mme Clémence ROBERT.

Quand on éprouve fortement le désir de s'instruire, on en trouve toujours les moyens, et par la suite, on en est amplement dédommagé de ses efforts et de ses travaux.
Mme CHAPONE.

Laissez dire les sots, le savoir a son prix.
LA FONTAINE.

Il vaut mieux bien savoir et bien faire une chose que d'en savoir et d'en faire cent à demi.
GŒTHE.

Le meilleur moyen de bien dire une chose est de bien la savoir.
MASSIER.

L'homme ne sait bien que ce qu'il peut communiquer aux autres.
BALLANCHE.

Qui apprend les sciences et ne pratique pas ce qu'elles enseignent, ressemble à un homme qui laboure et qui ne sème pas.

Proverbe arabe.

Savoir par cœur n'est pas savoir. C'est tenir ce qu'on a donné en garde à sa mémoire.

MONTAIGNE.

L'homme ne peut qu'en proportion de ce qu'il sait.

BACON.

Moins d'ignorance, c'est plus de moralité, et plus de savoir, c'est plus de richesse.

DURUY.

La vraie infirmité de l'homme n'est pas d'être aveugle, c'est d'être borgne.

A. VACQUERIE.

Tout mal vient d'ânerie.

LA FONTAINE.

Le plus savant est celui qui connait le mieux ce qu'il ne sait pas.

…

On sait deux fois une chose quand on la sait et qu'on l'admire.

E. LEGOUVÉ.

Par savoir, vient avoir.

Proverbe.

CLV

SCIENCE

(V. *Savoir, Etude.*)

Les vrais savants sont modestes parce que la connaissance de ce qui leur manque les empêche de tirer vanité de ce qu'ils savent.

J.-J. ROUSSEAU.

La science sans usage ne sert à rien, et l'usage ne peut être assuré sans science.

O. DE SERRES.

S'approcher toujours plus près de la vérité en la cherchant toujours, c'est le devoir, c'est la destinée de l'homme.

A. COCHIN.

La science est une très vilaine ignorance, si elle n'est pas accompagnée de sagesse et de vertu.

AMYOT.

Pensons à la vraie science, car il n'y a pas de vérité qui, en détruisant une misère, ne tue un vice.

MIGNET.

Un homme savant a toujours en lui-même un fond de richesse.

PHÈDRE.

CLVI

SECRET

(V. *Discrétion.*)

Un secret n'est pas seulement ce qu'on nous dit en nous recommandant de ne pas le répéter, c'est tout ce qui ne pourrait être redit sans nuire à la personne de qui nous le tenons.

J. La Beaume.

Gardez vos secrets et ne cherchez pas à savoir ceux des autres.

W. Penn.

Celui qui dit son secret ne gardera pas le vôtre.

• • •

Un secret est comme une huître, quand il s'ouvre il cesse d'être.

Pope.

Le secret le mieux gardé est celui qu'on ne dit pas.

• • •

Nul ne garde mieux un secret que celui qui l'ignore.

Calderon.

Toute révélation d'un secret est la faute de celui qui l'a confié.

La Bruyère.

Comment prétendons-nous qu'un autre garde notre secret, quand nous n'avons pu le garder nous-même ?

A. Daudet.

La garde d'un secret est souvent plus utile que la garde d'un trésor.

• •

CLVII

SENS PRATIQUE

Il ne faut pas craindre d'être dupe, dit le moraliste. Il vaut mieux être dupe que malhonnête, ajoute-il. Cela vaut mieux, parce qu'on doit préférer l'honneur à l'argent, la droiture au succès; que l'accomplissement du devoir seul importe, le résultat n'est que secondaire. Mais il n'est pas défendu de se mettre en garde contre ceux qui, profitant de nos sentiments honnêtes, voudraient les exploiter. Au contraire : ne soyons pas égoïstes, employons nos ressources à bien faire, mais pour avoir des ressources, tâchons d'être dupes le moins souvent possible.

Ni égoïste, ni dupe: s'arranger dans la vie, le moins mal qu'on peut pour soi et le mieux possible pour les autres.

Valtour.

L'éducation doit porter sur deux bases : la morale, pour appuyer la vertu; la prudence, pour nous défendre contre les vices d'autrui.

Chamfort.

Ne soyez ni naïf, ni malin.

Montaigne.

Ne se défier de personne est simplicité, se défier de tout le monde est folie; se défier de soi est le premier pas vers la sagesse.

...

CLVIII

SINCÉRITÉ

(V. *Vérité, Mensonge, Parler.*)

La sincérité est toujours louable, mais elle doit être prudente. On est obligé de parler toujours sincèrement, mais on n'est pas toujours obligé de parler.
FLÉCHIER.

Il ne faut pas toujours dire ce que l'on pense, mais il faut toujours penser ce que l'on dit.
Mme DE LAMBERT.

Le véritable usage de la parole est de servir la vérité.
Mme DE LAMBERT.

Assieds-toi de travers si tu veux, mais parle droit.
Proverbe oriental.

La sincérité est le meilleur artifice.
...

Un honnête homme qui dit oui ou non mérite d'être cru ; son caractère jure pour lui.
LA BRUYÈRE.

Je veux qu'on soit sincère, et qu'en homme d'honneur,
On ne lâche aucun mot qui ne parte du cœur.
MOLIÈRE.

Je veux que l'on soit homme et qu'en toute rencontre,
Le fond de notre cœur dans nos discours se montre,
Que ce soit lui qui parle, et que nos sentiments
Ne se masquent jamais sous de vains compliments.
MOLIÈRE.

Je ne parlerai point mal d'un ennemi, s'il est honnête homme ; et je ne ferai point non plus l'éloge d'un méchant, fût-il mon ami.

Théognis de Mégare.

Celui qui dit un mensonge ne se rend point assez compte de la grande tâche qu'il entreprend : il sera forcé d'inventer vingt autres mensonges pour en soutenir un premier.

Pope.

CLIX

SOBRIÉTÉ

L'homme sobre trouve dans le travail d'honorables moyens d'existence : il vit indépendant ; il est toujours sûr et content de lui-même ; son intelligence préside à sa volonté ; toutes ses déterminations lui sont présentes ; toutes ses actions lui sont connues ; il peut les coordonner ; rien ne l'oblige à supporter les humiliations, ou plutôt il n'en reçoit de personne ; il commande l'estime par sa discrétion, par sa conduite dans ses relations, par son caractère ; il honore ceux dont il accepte les invitations ; on a pour lui, dans les repas, tous les égards que commande la délicatesse ; on est heureux s'il ne refuse pas.

Girou.

Être sobre n'est pas une grande vertu, c'est un grand défaut que de ne l'être pas.

Christine de Suède.

La première chose pour se bien porter, c'est de manger et de boire sobrement.

Hippocrate.

Une manière de vivre simple et frugale conserve la santé, entretient le calme de l'âme et assure l'indépendance.

Barrau.

Qui boit et mange sobrement
Vit de coutume longuement.

Ancien Proverbe.

Prive-toi par amour de toi-même.

Franklin.

CLX

SOTTISE

(V. *Affectation*, *Vanité*)

Un bel habit peut couvrir un sot, il ne le cachera pas.

Proverbe.

Celui qui s'écoute parler, écoute toujours un sot.

La plus mauvaise roue d'un chariot est celle qui fait le plus de bruit.

Loubens.

Les sots sont toujours prêts à se fâcher et à croire qu'on se moque d'eux et qu'on les méprise.

La Bruyère.

Il y a des gens qui ne peuvent pas laisser tomber une sottise sans la ramasser.

Un sot n'a pas assez d'esprit pour être bon.

La Rochefoucauld.

La sottise et la vanité sont deux sœurs qui se quittent peu.

Divers.

Personne ne se croit propre, comme un sot, à duper un homme d'esprit.

Vauvenargues.

CLXI

SUSCEPTIBILITÉ

Être susceptible, c'est-à-dire être un buisson d'épines, être un fagot d'orties, et n'avoir qu'un défaut, c'est tout bonnement impossible. L'homme susceptible est amené à avoir presque tous les défauts. Le soupçon, la défiance, la jalousie, puis l'envie, qui n'est que la souffrance du bien d'autrui, voilà ce qu'est au fond la susceptibilité. Comment en serait-il autrement de celui qui n'ayant jamais pu supporter, je ne dis pas la critique directe, mais la leçon, l'avis, le conseil, la plus douce remontrance, n'a jamais pu en profiter ?

D'après Stahl.

La susceptibilité est la vanité des sots.

J. Simon.

Il ne faut qu'une personne d'humeur susceptible dans une compagnie, pour y mettre le désordre et en troubler l'harmonie.

LOCKE.

CLXII

TABAC

Le tabac revêt et les dents et les bronches d'une couche de suie, empeste l'haleine, les cheveux, les vêtements, et n'est guère compatible avec une propreté rigoureuse. C'est un vice coûteux souvent associé à l'alcoolisme, toujours nuisible à la vigueur physique et morale.

Pour ces motifs divers, après avoir fumé pendant quinze ans autant qu'homme au monde, j'ai renoncé au tabac et je conseille à tous les fumeurs d'en faire autant. Il ne s'en trouve pas un pour regretter sa sotte habitude quand il l'a perdue.

Paschal GROUSSET.

RÉCIT

Un gentleman demandait un jour au célèbre docteur Abernethy si l'usage modéré du tabac pouvait attaquer le cerveau : « Non, monsieur, répondit sur le champ Abernethy, car aucun homme ayant une once de cerveau ne songerait jamais à en faire usage. »

Moralistes anglais.

Si l'on forçait à fumer par devoir les gens qui fument soi-disant par plaisir, ils se révolteraient.
G. OHNET.

Le tabac a tout pour lui : il infecte, il abrutit, et il coûte cher.
G. OHNET.

Le tabac alourdit la tête, trouble le cœur et rend la bourse légère.
...

Il en est des hommes comme des cheminées. Ceux qui fument le plus n'ont pas la meilleure constitution.
CHAM.

CLXIII

TACT

Les gens qui manquent de tact ou qui ne savent pas toucher les choses de la manière qui convient, les gâtent quand il ne les brisent pas.

Faute de tact, un mot qui pouvait être spirituel n'est qu'une platitude, et une pensée obligeante se traduit presque en injure. Le tact ne se perfectionne que par l'usage du monde. Personne ne saurait se flatter d'avoir toujours celui nécessaire dans les circonstances difficiles, et ces circonstances se présentent souvent à l'improviste : il est bon de se prémunir contre cette insuffisance probable et d'y suppléer à force de prudence et de retenue. Heureux les gens d'esprit en pareil occurrence, et plus heureux encore les gens de jugement.
J. LA BEAUME.

Si l'esprit est une pierre précieuse, c'est le tact qui en est la monture.

Comtesse DE BAILLON.

Parmi tant d'autres interprétations, ne pourrait-on pas aussi appeler le tact : l'art ou l'instinct de ne rien dire d'inutile.

Louis DÉPRET.

CLXIV

TEMPÉRANCE

(V. *Sobriété.*)

Il faut manger pour vivre et non vivre pour manger.

Les gourmands creusent leur fosse avec leurs dents.

Ancien proverbe.

La tempérance est la mère de la charité.

STERNE.

La vertu de la prospérité est la tempérance, la vertu de l'adversité est la force.

BACON.

Ne mangez pas jusqu'à être appesanti, ne buvez pas jusqu'à vous étourdir.

FRANKLIN.

Qui veut vivre sain dîne peu et soupe moins.

Ancien proverbe.

Grande chère, maigre testament.

Proverbe.

CLXV

TEMPS

Le temps c'est l'argent.
Proverbe.

Chaque moment, chaque seconde est d'une valeur infinie; car elle est le représentant d'une éternité tout entière.
Gœthe.

Le temps est un grand maître, il règle bien des choses.
Corneille.

Je serais désolé d'emprunter à une année une seule heure qui servit à régler les comptes de la précédente. L'année commencerait pour moi sous de fâcheux auspices.
Lamartine.

Il est inouï ce qu'on fait avec le temps quand on a la patience de l'attendre et de ne pas se décourager.
Lacordaire.

Il ne faut jamais regretter le temps qui a été nécessaire pour bien faire.
Joubert.

L'homme le mieux ordonné est celui qui emploie le mieux son temps; l'homme le mieux avisé, celui qui tire le meilleur parti du sien.
Mme Swetchine.

Il n'est rien de plus élastique que les forces et le temps de l'homme : l'égoïsme les restreint, la charité les augmente.
E. Naville.

Ceux qui emploient mal leur temps sont les premiers à se plaindre de sa brièveté.

CLXVI

TEMPS PERDU

Chaque jour inutile est une page blanche au livre de la vie.

Labourez pendant tous les instants qui s'appellent aujourd'hui ; car vous ne pouvez pas savoir tous les obstacles que vous rencontrerez demain.

Songez à faire un bon emploi du temps présent.
Horace.

Ne perdez pas une heure puisque vous n'êtes pas sûr d'une minute.
Franklin.

Il faut être plus avare de son temps que de son argent.
Christine de Suède.

De toutes les prodigalités, la plus blâmable est celle du temps.
Marie Leckzinska.

Si on aime la vie, il ne faut pas perdre de temps, car c'est l'étoffe dont elle est faite.
Franklin.

Le temps est comme l'argent, n'en perdez pas vous en aurez assez.

La vie de l'homme est courte, et ce qu'on en a perdu ne peut être remplacé.

VIRGILE.

Perdre le temps, c'est commettre un vrai suicide.

YOUNG.

CLXVII

TRAVAIL

Le travail, entre autres avantages, a celui de raccourcir les années et d'étendre la vie.

Si quelqu'un vous dit qu'on peut s'enrichir autrement que par le travail, ne le croyez pas, c'est un imposteur.

FRANKLIN.

Si tu veux faire ton affaire, va toi-même ; si tu veux qu'elle ne soit pas faite, envoie.

FRANKLIN.

On n'est jamais indispensable nulle part ni à personne.

GOETHE.

Ce qui vient de la flûte s'en retourne au tambour.

Proverbe.

Le travail n'a pas besoin de souhaits. Celui qui vit d'espérance court risque de mourir de faim ; il n'y a point de profit sans peine.

FRANKLIN.

Il n'est point ici-bas de moisson sans culture.

VOLTAIRE.

Il faut semer pour recueillir.
Proverbe.

Un homme qui fait produire au blé deux épis au lieu d'un est plus grand à mes yeux que tous les génies politiques.
Napoléon Ier.

A renard endormi, il ne tombe rien dans la gueule.
Proverbe espagnol.

Le jour est court, l'ouvrage est long.
Ben-Sira.

Le travail est le gardien de la vertu.
...

Labourez pendant que le paresseux dort, et vous aurez du blé à vendre.
Franklin.

Les fruits les plus savoureux sont souvent ceux que l'on cueille sur le mur le plus raboteux.
...

Un effort honnête vaut dix belles promesses.
Jane Taylor.

Forcez les hommes au travail et vous les rendrez honnêtes gens.
Voltaire.

Sache bien qu'un enfant qui veille, qui travaille,
Prépare au monde entier sa gloire et son destin.
J. Aicard.

Ne plus travailler, c'est mourir.
V. de Laprade.

Employer ses talents, son temps et sa vertu,
Servir au bien public, illustrer sa patrie,
Penser enfin, c'est là que commence la vie.
Gresset.

Faibles ou forts, il n'importe, nous avons tous notre place marquée dans le combat.

A. DE GASPARIN

L'effort en lui-même, dans un organisme sain, est une joie ; il constitue le plaisir primitif le plus pur et le plus simple, de se sentir vivre.

E. CARO.

A l'œuvre, on connaît l'artisan.

Proverbe.

Travaillez pendant que vous êtes jeunes ; il n'y a qu'un printemps de la vie, et c'est le printemps qui prépare la richesse de l'été et la fécondité de l'automne.

BAUTAIN.

Une vie occupée est le premier préservatif de tous les périls.

Mme ROLAND

Le travail éloigne de nous trois grands maux : l'ennui, le vice et le besoin.

***

Endure pour savoir, et travaille pour avoir.

Proverbe espagnol.

Travaillez à loisir, quelque ordre qui vous presse,
Et ne vous piquez point d'une folle vitesse.

BOILEAU.

Aide-toi, le ciel t'aidera.

Proverbe.

Diligence passe science.

Proverbe.

Chacun est l'artisan de sa bonne fortune.

RÉGNIER (1).

---

(1) Variante de Voltaire :
Nous faisons nos destins, quoi que l'on puisse dire.

Ne l'attends qu'à toi seul.
LA FONTAINE.

Le travail est la sentinelle de la vertu.
Un poëte ancien.

Ne point surveiller ses ouvriers, c'est livrer sa bourse à leur discrétion.
FRANKLIN.

Le pain que l'on gagne est le meilleur.
E. DESCHAMPS.

La fileuse vigilante ne manque jamais de chemises.
...

Il faut casser la coque pour avoir l'amande.
Proverbe.

Le fruit du travail est le plus doux des plaisirs.
VAUVENARGUES.

Un homme de bon sens travaille en sa jeunesse,
Pour passer en repos une heureuse vieillesse.
BOURSAULT.

Le travail est un trésor.
LA FONTAINE.

Travailler est le lot et l'honneur d'un mortel.
VOLTAIRE.

Nul bien sans peine.
Proverbe.

Un labeur porte en lui la consolation d'une espérance en voie de s'accomplir.
A. TOURNIER.

Le travail et l'ennui ne passent jamais par la même porte.
LOUBENS.

Travaille, tu dois payer la vie par les travaux : le paresseux fait un vol à la société.

LOUBENS.

Le travail renferme en lui des joies sévères qui sont la santé de l'âme et du corps.

Arsène HOUSSAYE.

Le travail, c'est la liberté.

Félix PYAT.

A vaincre sans péril, on triomphe sans gloire.

CORNEILLE.

La faim regarde la maison du travailleur et n'ose pas y entrer.

FRANKLIN.

La santé, la vigueur d'esprit, la paix du cœur sont les fruits constants du travail.

VAUVENARGUES.

On est toujours joyeux le soir quand on a bien employé sa journée.

FÉNELON.

Quand on n'a pas travaillé jeune, on ne sait rien, on n'est rien, on ne peut rien.

LACORDAIRE.

Travaillez. Le travail vous rendra le plaisir plus sensible et la peine moins amère.

THIERS.

Souvenez-vous que dans la vie,
Sans un peu de travail, on n'a point de plaisir

FLORIAN.

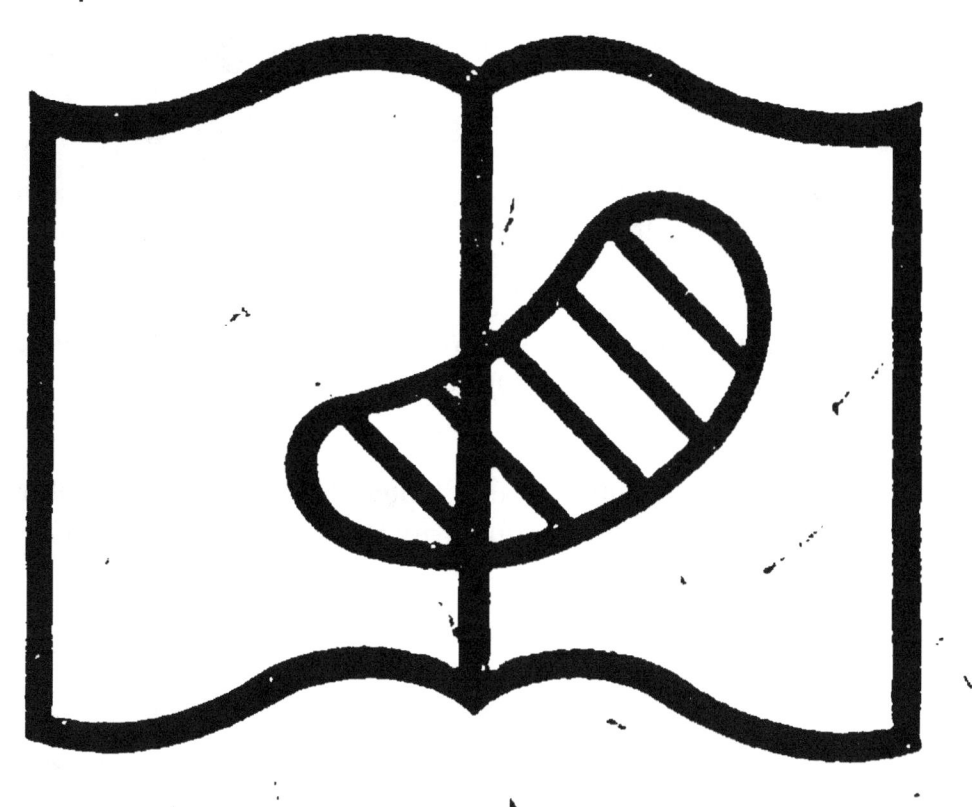

Original illisible
NF Z 43-120-10

Travaillez pour vous rendre utiles ; rendez-vous utiles pour être aimés.

Ch. NODIER.

Rien n'assure mieux le repos du cœur que le travail de l'esprit.

LÉVIS.

Le travail prévient ou guérit toutes les maladies de l'âme ; il est le grand consolateur, le grand médecin.

Emile DESCHANEL.

Le guéret que tu as ouvert au printemps, si tu le renouvelles en été, ne trompera point ton espoir.

HÉSIODE.

Tu as deux mains et une bouche. Apprends à compter. Tu as deux organes pour travailler, un seul pour manger.

RÜCKERS.

Avant de dormir, prépare ton lit.

MÉIDANI.

Les seuls aliments qui profitent au corps sont ceux que l'on a gagnés en travaillant.

Proverbe turc.

Chacun son métier, les vaches seront bien gardées.

FLORIAN.

Vingt fois sur le métier remettez votre ouvrage.

BOILEAU.

Quand nous n'agissons point, les dieux nous abandonnent.

VOLTAIRE.

On ne parvient à rien de grand sans qu'il en coûte beaucoup.

CICÉRON.

Qui ne veut se donner aucun mal, ne mérite aucun bien.

Moy.

Le vrai progrès consiste à se renouveler.

Vinet.

Que si quelque affaire t'importe, ne fais point par procureur.

La Fontaine.

Métier manuel, assurance contre la pauvreté.

Méidani.

Qui aime labeur parvient à honneur.

Vieux proverbe.

On ne recueille dans un âge avancé que ce qu'on a semé dans les premières années de sa vie.

Massillon.

CLXVIII

UNION

L'union fait la force.

Maxime.

Toute puissance est faible à moins que d'être unie.

La Fontaine.

Trois s'aidant l'un l'autre suffisent pour porter la charge de six.

Prov. espagnol.

Deux morceaux de bois sec brûlent un monceau de bois vert.

Prov. hébreu.

Un brin de paille n'est qu'un fétu ; des monceaux de ces brins peuvent arrêter un éléphant.

PAN-SHA-TANTRA.

CLXIX

UTILITÉ

(V. *Dette, Dépense, Économie.*)

Une chose inutile est toujours trop chère, quand même elle ne coûterait qu'une bagatelle.

FRANKLIN.

Se rendre utile vaut mieux que briller.

ROBERTSON.

Celui-là a remporté le prix qui a su mêler l'utile à l'agréable.

HORACE.

Ce qui n'est pas utile à la ruche n'est pas utile à l'abeille.

...

On ne connaît la valeur et l'utilité d'une chose que lorsqu'on est en danger de la perdre.

R. G. KRAMER.

CLXX

VANITÉ

La vanité passe pour un petit défaut. Pas si petit! car elle ment toute la journée. Le mensonge est donc le fils de la vanité; malheureusement je lui vois encore deux filles, toutes deux pires que l'autre : la jalousie et l'envie, d'où naît fatalement la haine, mère à son tour de bien des crimes.

D'après STAHL.

Une once de vanité gâte un quintal de mérite.

Prov. persan.

Ce ne sont pas les épis qui lèvent le plus la tête qui sont les plus remplis.

...

Si un homme a une grande idée de lui-même, vous pouvez être à peu près sûr que c'est la seule grande idée qu'il ait jamais eu de sa vie.

PUGH.

Être vain de sa noblesse, de sa fortune, de ses talents, c'est reconnaître qu'on en est indigne.

...

Si la vanité ne renverse pas toutes les vertus, du moins elle les ébranle toutes.

LA ROCHEFOUCAULD.

La vanité est mère du mensonge.

Proverbe.

Nous somme vaniteux parce que nous nous comparons aux autres par le point où nous l'emportons sur eux.

E. LEGOUVÉ.

Pourquoi vouloir monter sur des échasses pour paraître plus grand ? Sois ce que tu es et rien de plus.

M. DE BIRAN.

Tout blesse le vaniteux, même le service qu'on lui rend.

STAHL.

Le moi est haïssable.

PASCAL.

L'orgueil des petits consiste à parler toujours de soi.

VOLTAIRE.

Gardez qu'un sot orgueil ne vous vienne enfumer.

BOILEAU.

Ne vous vantez pas de tout ce que vous avez, car celui qui se vante de tout ce qu'il a se vante souvent de ce qu'il n'a pas.

Précepte arabe.

Le vrai moyen d'être trompé, c'est de se croire plus fin que les autres.

NICOLE.

Tout homme a de trop en vanité ce qui lui manque en bon sens.

POPE.

Enfant, c'est un défaut extrême
Que de parler sans cesse de soi-même.

Frédéric BATAILLE.

Le secret de se rendre ridicule est de se piquer des talents qu'on n'a pas.

Christine DE SUÈDE.

CLXXI

VENGEANCE

Il y a deux espèces de vengeances, l'une instinctive ou brutale, l'autre intelligente ou noble. La première rend le mal pour le mal, la seconde, le bien pour le mal. Celle-ci est une vertu, la première n'est qu'une passion. L'une détruit, l'autre féconde.

Celle-ci élève l'âme et rend heureux, celle-là n'engendre que de mauvais sentiments et rend malheureux : choisissez.

J. LA BEAUME.

Se venger d'une offense, c'est se mettre au niveau de son ennemi ; la lui pardonner, c'est se mettre bien au-dessus de lui.

LA ROCHEFOUCAULD.

Avec votre égal, la vengeance est douteuse ; avec votre inférieur, c'est une lâcheté ; avec votre supérieur, c'est une folie.

DUCLOS.

La satisfaction qu'on tire de la vengeance ne dure que peu de moments, mais celle que produit la clémence ne finit jamais.

HENRI IV.

La plus noble vengeance est le pardon.

Laissons l'espace d'une nuit
Entre l'injure et la vengeance.

Proverbe.

La force que l'on puise dans la rancune, dans l'irritation, n'est jamais que de la faiblesse.

Mme SWETCHINE.

CLXXII

VÉRITÉ

Rien n'est beau que le vrai ; le vrai seul est aimable.

BOILEAU.

Aussitôt qu'une pensée vraie est entrée dans notre esprit, elle y jette une lumière qui nous fait voir une foule d'objets que nous n'apercevions pas auparavant.

La vérité doit s'offrir à tous, comme la lumière du jour, sans s'imposer à personne ; chaque conscience s'ouvre à son heure pour la recevoir.
G.-M. VALTOUR.

La vérité n'est si divine que parce qu'elle donne le droit de dire la vérité aux hommes qui la disent si peu et qui l'entendent si rarement.
LACORDAIRE.

La vérité n'est jamais du côté des découragés et des mécontents.
A. DE GASPARIN.

Peu de gens ont assez de fonds pour souffrir la vérité et pour la dire.
VAUVENARGUES.

L'erreur ne peut être détruite que par la lumière de la vérité.
NICOLE.

Attachez-vous à suivre la voie sacrée de la vérité et vous ne tromperez jamais ni vous ni les autres.
GOETHE.

C'est une obligation sacrée de donner la préférence à la vérité sur l'amitié.
ARISTOTE.

Être vrai dans tous ses discours est le caractère d'un homme libre ; mentir est celui d'un esclave. Il y a donc autant de bassesse à trahir sa pensée que de noblesse à l'énoncer sagement et modestement.
MARMONTEL.

CLXXII

VERTU

La vertu est l'amour du bien, amour qui centuple les forces de celui qui en est pénétré, et lui fait trouver tout facile dès qu'il s'agit de faire le bien et d'éviter le mal.

La Beaume.

Soyez studieux dans votre profession, et vous serez savant; soyez laborieux et économe et vous serez riche; soyez sobre et tempérant, et vous serez bien portant; soyez vertueux enfin, et vous serez heureux.

Franklin.

Ce que peut la vertu d'un homme ne doit pas se mesurer par ses efforts, mais par son ordinaire.

Pascal.

Tout s'apprend, même la vertu.

Joubert.

La vertu est tout, la vie n'est rien.

Diderot.

Honorer la vertu, c'est assez la venger.

Voltaire.

Les sacrifices sans espoir, sans récompense, sont le suprême effort de la nature humaine.

Lanfrey.

L'utilité de la vertu est si manifeste que les méchants la pratiquent par intérêt.

Vauvenargues.

Le bonheur ou la témérité ont pu faire des héros, mais la vertu toute seule peut faire les grands hommes.
MASSILLON.

En ne considérant que la nature de l'homme, je soutiens que quiconque désire être heureux, même dans ce monde, a intérêt à être vertueux.
FRANKLIN.

N'attachez la gloire qu'à la vertu.
Mme DE GENLIS.

Lorsque notre bonheur nous vient de la vertu.
La gaieté vient bientôt de notre caractère.
FLORIAN.

Les talents et la vertu seuls distinguent les hommes.
BOISTE.

La raison fait des philosophes, et la gloire, des héros; la seule vertu fait des sages.
VAUVENARGUES.

La vertu est la santé de l'âme, et, s'il y a mille manières d'être malade, il n'y en a qu'une de se bien porter.
PAILLERON.

Je ne crois pas qu'il y ait de bonheur sans vertu.
E. DE GIRARDIN.

Quand le vice veut procurer quelque grand avantage au monde pour surprendre l'admiration, il agit comme la vertu parce qu'elle est le vrai moyen, le moyen naturel du bien.
VAUVENARGUES.

On demande quatre choses à une femme : que la vertu habite dans son cœur, que la modestie brille sur son front, que la douceur découle de ses lèvres, et que le travail occupe ses mains.
...

Une vertu vaudra toujours mieux qu'un talent.

Mme MOMARSON.

L'homme, vraiment vertueux, l'est partout et avec tous.

CICÉRON.

CLXXIII

VIE

L'opinion qu'on a de la vie dépend surtout de l'usage qu'on en fait.

A. VESSIOT.

On ne peut jamais être fatigué de la vie, on n'est fatigué que de soi-même.

Carmen SYLVA.

L'important est non que la vie soit longue, mais qu'elle soit bien employée.

Mlle HOLLARD.

La vie tout entière est une éducation, car la vie tout entière est un développement.

LABOULAYE.

De tous les livres, le plus difficile à faire est celui de sa vie, surtout quand on veut y mettre son nom.

Arsène HOUSSAYE.

Pour tout être qui peut et qui veut, la vie doit avoir un but. Pour tout être qui se sent raisonnable, elle est une œuvre à faire, une tâche à accomplir.

Ath. COQUEREL.

Voir et sentir, c'est être ; réfléchir, c'est vivre.
SHAKESPEARE.

Vivre, c'est agir ; pour qui ne fait rien de son existence, l'existence n'est rien.
Mme GUIZOT.

Quand on se plaint de la vie, c'est presque toujours parce qu'on lui a demandé l'impossible.
RENAN.

Même avec ses douleurs, la vie est un bienfait, et ne fût-elle pas un bienfait, fût-elle une charge, puisqu'elle est un devoir, il faut aimer la vie.
P.-J. STAHL.

Vivre, c'est faire une œuvre qui dure.
VINET.

Celui qui fera son bonheur du bonheur des autres, sa joie de la joie de tous ses semblables, celui-là sentira le prix de l'existence.
Ernest NAVILLE.

Dès qu'il s'agit de rendre service, il faut songer que la vie est courte, et qu'il n'y a pas un moment à perdre.
VOLTAIRE.

CLXXIV

VOLONTÉ

Ce qui caractérise l'homme par-dessus tout, c'est la volonté. On dit de celui qui a une volonté énergique, c'est un homme. Avec la volonté, on remédie aux caprices du sort, on corrige ses défauts, on devient vertueux, habile dans sa profession, capable à la longue de faire ce qu'on n'aurait osé entreprendre au début ; la volonté triomphe de tous les obstacles. Ne confondez pas la volonté avec l'entêtement : il importe plus de vouloir juste que de vouloir fort.

RÉCIT

Les exemples héroïques que nous fournit l'histoire — Jeanne d'Arc, Léonidas, Chevert, Socrate — sont dus à l'énergie de la volonté. Un trait entre mille. Après la prise de Sardes, un Perse allait tuer Crésus sans le connaître ; le fils du roi, muet à la suite d'une maladie, effrayé du danger que courait son père, peut s'écrier par un effort surhumain de la volonté : « Soldat, ne tue pas Crésus ! »

C'est la seule tiédeur de notre volonté qui fait notre faiblesse, et l'on est toujours fort pour faire ce qu'on veut fortement.
J.-J. ROUSSEAU.

Celui qui n'est pas son maître, n'est le maître de personne.
P.-J. STAHL.

Une volonté énergique fait beaucoup de peu, donne de la puissance à des instruments faibles, désarme la difficulté et souvent même en fait un secours.
CHANNING.

Le réel est étroit, le possible est immense.
LAMARTINE.

C'est la volonté de vaincre qui donne les victoires ; or ce qui est vrai pour les grandes luttes qui font retentir le monde, est vrai pour les luttes obscures et cachées de chaque vie particulière.
Henri PERREYRE.

Il y a peu de choses impossibles d'elles-mêmes, et l'application pour les faire réussir nous manque plus que les moyens.

La Rochefoucauld.

L'impatience a des ailes et dépasse le but, l'intention fait sa malle et manque le coche, la volonté part à pied et arrive.

Comtesse Diane.

L'énergie de l'esprit et du corps est absolument indispensable pour faire quelque chose de bon dans toute carrière pratique.

Goethe.

Impossible est un mot que je ne dis jamais.

Colin d'Harleville.

C'est la volonté en définitive qui décide de la vie de l'homme. C'est l'énergie de la volonté qui fait l'homme véritable.

Beautain.

Quoi de plus grand en ce monde que de vouloir sérieusement !

Michelet.

C'est bien puissant le « je veux » de la volonté !

Eugénie de Guérin.

Le secret de toute influence, c'est la volonté.

Robertson.

Nous avons plus de force que de volonté, et c'est souvent pour nous excuser à nous-mêmes, que nous nous imaginons que les choses sont impossibles.

La Rochefoucauld.

Nous nous plaignons de la route. Cette plainte est une lâcheté. Qu'importe que nous soyons déchirés par les ronces si nous sommes sûrs d'atteindre le but ?

J. Simon.

Ne nous laissons ni trop abattre par le blâme, ni trop exalter par la louange.

ROBERTSON.

Se vaincre soi-même, c'est le moyen de n'être pas vaincu par les autres. Se maîtriser soi-même, c'est le moyen de n'avoir pas d'autres maîtres.

Pensée Chinoise.

La force qui nous est le plus nécessaire, c'est l'empire sur nous-même.

LOBSTEIN.

C'est un talent que de supprimer en soi tout ce qui peut gêner les autres.

V. COUSIN.

La raideur n'est que la fausse monnaie de la force.

STAHL.

Il est bon d'être ferme par tempérament et flexible par réflexion.

VAUVENARGUES.

Se plaindre est plus aisé que se vaincre.

A. DE GASPARIN.

Souvent la peur d'un mal nous conduit dans un pire.

BOILEAU.

Une ferme volonté trouve du temps ou en crée.

CHANNING.

Le travail est toujours un combat dans lequel la volonté seule remporte la victoire.

Henri PERREYRE.

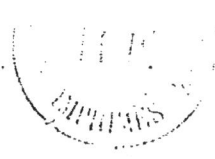

INDEX ALPHABÉTIQUE

ctivité, 19, 113, 144.
dversité, 21, 173.
ffectation, 22, 187.
ffabilité, 23, 50, 106, 143.
mabilité, 23, 50, 106, 143.
mbition, 24.
mitié, 26.
mis (Choix des), 28.
mis (Devoirs des), 30.
mour-propre, 32.
nimaux (Devoirs envers les), 34.
rgent, 34.
rt, 40.
spirations, 37.
ttention, 39.
umône, 45, 62, 156.

eau, 40.
êtise, 42.
ien, 43.
ienfaisance, 45, 62, 156.
ienfait, 48.
ienfaiteur, 48, 239.
iens, 137, 237.
ienveillance, 23, 50.
âme, 171.
onheur, 54, 137.
on sens, 55.
onté, 45, 56, 62.

Calme, 58, 159.
Calomnie, 59, 195.
Caractère, 61, 84.
Charité, 45, 62, 56.
Cœur, 64.
Colère, 66.
Commander, 67.
Compagnie, 69.
Complaisance, 68.
Conduite, 71.
Confiance, 72.
Connaissance de soi-même, 73.
Conscience, 43, 75.
Conseils, 78.
Constance, 218.
Contentement, 79.
Conversation, 23, 81.
Conviction, 82.
Costume, 83, 226.
Courage, 21, 84, 115, 234, 235.
Crédulité, 86.
Critique, 87.
Curiosité, 88.

Découragement, 21, 84, 89.
Dédain, 90.
Défauts, 91.
Défiance, 92.
Délicatesse, 93.

Dépenser, 94, 134, 262.
Désœuvrement, 171.
Désordre, 95, 195.
Dettes, 96, 262.
Devoir, 43, 96.
Dévouement, 100.
Dignité, 101.
Discrétion, 104, 244.
Domestiques, 105.
Douceur, 107.
Droiture, 108.

Ecole, 109.
Economie, 36, 94, 110, 134.
Ecouter, 112.
Effort, 113.
Egoïsme, 114.
Energie, 115.
Ennui, 117.
Envie, 118.
Epargne, 36, 94, 110.
Espérance, 119.
Esprit, 56, 64, 120, 163.
Estime, 125, 173.
Etude, 109, 124, 161, 166, 241, 243.
Exactitude, 127.
Excès, 129.
Exemple, 130.
Expérience, 132, 238.

Famille, 133.
Fantaisie, 134.
Fatuité, 90.
Fortune, 36, 134, 137, 237.
France, 212.
Franchise, 138.

Gaîté, 140.

Générosité, 141.
Goût, 142.
Grâce, 143.

Habit, 83.
Habitude, 144.
Heureux, 51.
Honnêteté, 147, 224.
Honneur, 149, 232.
Humanité, 151, 152.
Hypocrisie, 152.

Idéal, 37.
Ignorance, 153.
Impatience, 154, 206.
Inconstance, 155.
Indifférence, 155.
Indiscrétion, 104.
Indulgence, 157.
Inexactitude, 127.
Infortune, 137.
Ingratitude, 158.
Initiative, 144, 158.
Injure, 159.
Injustice, 160.
Instruction, 161.
Intelligence, 64.
Intention, 162.

Jugement, 163.
Justice, 165.

Lecture, 166.
Liberté, 169.
Loisir, 171.
Louange, 171.

INDEX ALPHABÉTIQUE

Maintien, 22, 83, 173, 187, 226.
Malheur, 21, 137, 173.
Méchanceté, 174.
Médisance, 175.
Mensonge, 136, 175, 246.
Mérite, 179.
Mesure, 181, 182.
Modération, 181, 182.
Modestie, 145.
Moquerie, 187.

Naturel, 22, 187.
Nécessité, 188.
Négligence, 189.
Noblesse, 190.

Obéissance, 191.
Obligé, 49, 230.
Occasion, 192.
Oisiveté, 193, 199.
Opinion, 82.
Ordre, 95, 195.
Orgueil, 90, 197.

Parents, 133, 215.
Paresse, 193, 199.
Parler, 23, 81, 112, 175, 202, 246.
Patience, 154, 206, 218.
Patrie, 210, 212, 214.
Pensées, 15, 65.
Père et mère, 215.
Perfection, 217.
Persévérance, 218, 235.
Pitié, 220.
Politesse, 23, 50, 173, 221.
Probité, 94, 147, 224.
Promesse, 225.

Propreté, 226.
Prudence, 227.
Punition, 229.

Raison, 229.
Reconnaissance, 49, 230.
Réflexion, 39, 231.
République, 212.
Réputation, 149, 232.
Résignation, 21, 84, 154, 234.
Résolution, 235.
Respect, 235.
Richesse, 36, 137, 237.

Sagesse, 238.
Sanction, 229.
Santé, 240.
Savoir, 125, 161, 166, 241, 243.
Science, 241, 243.
Secret, 244.
Sens (bon), 55.
Sens pratique, 245.
Serviteur, 105.
Sincérité, 246.
Sobriété, 248, 252.
Sottise, 22, 248.
Susceptibilité, 249.

Tabac, 250.
Tact, 181, 182, 250.
Tempérance, 248, 252.
Temps, 253.
Temps perdu, 254.
Terme, 22, 83, 173, 226.
Travail, 19, 161, 225.

Union, 261.
Utilité, 262.

Vanité, 23, 187, 197, 262.

Vengeance, 264.
Véracité, 138, 246.
Vérité, 246, 265.
Vertu, 267.
Vie, 269.
Volonté, 270.

www.ingramcontent.com/pod-product-compliance
Lightning Source LLC
Chambersburg PA
CBHW050627170426
43200CB00008B/917